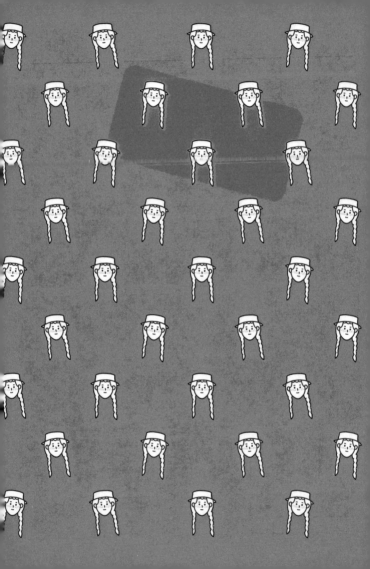

# 绿山墙的安妮

Lǜ shānqiáng de Ānnī

빨간 머리 앤

**두근두근 확장 중국어 01**

# 绿山墙的安妮 빨간 머리 앤
© 김선경 2020

**초판 1쇄 인쇄** 2020년 8월 27일
**초판 1쇄 발행** 2020년 9월 17일

**원작** 루시 모드 몽고메리 | **편저** 김선경
**펴낸이** 박지혜

**기획·편집** 박지혜 | **마케팅** 윤해승 최향모
**디자인** this-cover | **일러스트레이션** this-cover
**제작** 더블비

**펴낸곳** (주)멀리깊이
**출판등록** 2020년 6월 1일 제406-2020-000057호
**주소** 10881 경기도 파주시 광인사길 127
**전자우편** murly@munhak.com
**편집** 070-4234-3241 | **마케팅** 02-2039-9463 | **팩스** 02-2039-9460
**인스타그램** @murly_books
**페이스북** @murlybooks

ISBN 979-11-971396-4-2 14720
　　　979-11-971396-3-5 (세트)

* 이 책의 판권은 지은이와 (주)멀리깊이에 있습니다.
　이 책 내용의 전부 또는 일부를 재사용하려면 반드시 양측의 서면 동의를 받아야 합니다.
* 이 도서의 국립중앙도서관 출판정도서목록(CIP)은 서지정보유통지원시스템 홈페이지
　(http://seoji.nl.go.kr)와 국가자료종합목록 구축시스템(http://kolis-net.nl.go.kr)에서 이용하
　실 수 있습니다.
　(CIP 제어번호: CIP2020034410)
* 잘못된 책은 구입하신 서점에서 교환해드립니다.

* **(주)멀리깊이는 (주)휴먼큐브의 출판유닛입니다.**

두근두근
확장 중국어 01

# 빨간 머리 앤

책 장만 넘 기 면 문장이 완성되는 완벽한 어 순 학 습 법

绿墙的
山安妮

$\rightarrow$

**원작** 루시 모드 몽고메리 **편저** 김선경

멀리깊이

**前言**

"와, 이렇게 공부하면 정말 좋겠네요!"

처음 출간 제의를 받고 이 책의 본문 구성을 보자마자 감탄사처럼 나온 말이었습니다. 책을 마무리하고 나니 '이렇게 공부하면 정말 좋겠다'는 설렘은 확신으로 바뀌었어요.

이미 아시는 것처럼 중국어 학습에는 여러 장벽이 존재합니다. 성조나 병음도 물론 큰 장애물이지만, 가장 구조적인 어려움은 어순에 있습니다. 영어와 같이, 중국어도 우리말과 완벽하게 반대에 위치하는 어순 때문에 긴 문장을 만들어 내기가 쉽지 않지요. 두근두근 확장 중국어 시리즈는 책장만 넘기면 어순에 따라 문장이 길어지는 학습 방법을 통해 좀처럼 정복하기 힘든 중국어의 높은 허들을 재미있게 넘을 수 있도록 도와줍니다. 한국인이

가장 사랑하는 캐릭터인 빨간 머리 앤과 함께 배우는 중국어의 핵심 문장은 단기간에 중국어 초급 실력을 중급으로 끌어올려줄 디딤돌이 될 거예요.

단문 회화에서 벗어나 좀 더 풍부한 회화를 공부하고 싶은 분, 초급 중국어 실력으로 짧게나마 원서 한 권을 독파하고 싶다는 당찬 의지를 가진 분, 기존의 회화 학습방법에 흥미를 잃은 분들에게 권하고 싶은 책입니다.

**万事开头难!**

시작이 반입니다. 초급 중국어로 책 읽기, 당신도 할 수 있습니다!

**2020년 늦은 여름 김선경**

**Step 1** 책장만 넘기세요.
문장이 저절로 길어집니다!

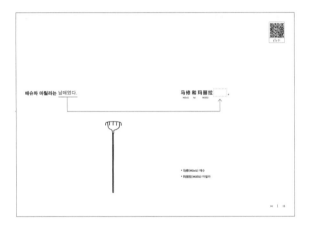

❶ 모든 문장은 중국어에서 가장 많이 쓰는 기본 패턴으로 구성했습니다.
책장을 넘길 때마다 중국어의 어순대로 문장이 늘어나기 때문에, 우리말
과 다른 중국어 어순을 자연스럽게 익힐 수 있습니다.

매슈와 마릴라는

농사를 지으며 사는 남매였다.

* 15쪽 빈칸 정답
문 兄妹

马修 和 玛丽拉 是 一对
mǎxiū hé mǎlìlā shì yìduì

____ 兄妹。
xiōngmèi

❷ 책장을 넘기면 어순에 따라 자연스럽게 문장이 늘어납니다. 왼편 하단에
는 앞장의 빈칸 정답이 제공됩니다.
모르는 표현이 나와도 당황하지 마세요. 책장을 넘기면, 정답이 보입니다!

# QR코드를 재생하세요.
# 저절로 문장이 완성됩니다!

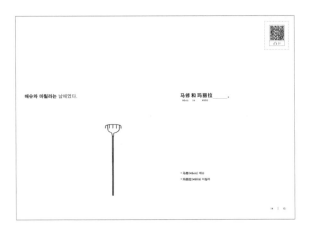

* 확장형 문장이 시작하는 모든 페이지에는 듣기용 QR코드가 있습니다. 자연스럽게 빈칸을 채우는 딕테이션(dictation: 들리는 대로 받아쓰기) 학습을 할 수 있어, 최상의 집중력으로 단기간에 어학 실력을 끌어올릴 수 있습니다.
* 스마트폰 카메라로 QR코드를 찍으시면 듣기 파일이 재생됩니다.
* https://cafe.naver.com/murlybooks 에 들어오시면 mp3 파일을 다운로드 받으실 수 있습니다.

**줄거리 문장을 읽으세요.
자연스럽게 원서 전체를 읽게 됩니다.**

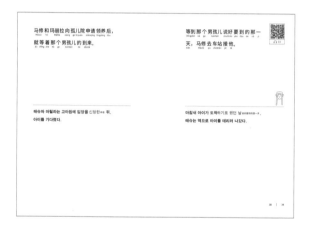

马修 和 玛丽拉 向 孤儿院 申请 领养 后，
Mǎxiū hé Mǎlìlā xiàng gū'éryuàn shēnqǐng lǐngyǎng hòu,

就 等 着 那 个 男孩儿 的 到来。
jiù děng zhe nà ge nánhái'r de dàolái.

매슈와 마릴라 고아원에 입양을 신청한 후 뒤,
아이를 기다렸다.

等到 那 个 男孩儿 说好 要 到 的 那 一
Děngdào nà ge nánhái'r shuōhǎo yào dào de nà yī

天，马修 去 车站 接 他。
tiān, Mǎxiū qù chēzhàn jiē tā.

마침내 아이가 도착하기로 했던 날 約定要到的那一天,
매슈는 역으로 아이를 데리러 나갔다.

38 | 39

*  확장형 문장으로 패턴을 익힌다면, 줄거리 문장을 통해 원서 읽기의 기쁨
   을 느낄 수 있습니다. 모두가 알지만 누구도 읽어 본 적 없는 원서 읽기! 두
   근두근 확장 시리즈로 경험해 보세요!

# 전문을 읽으세요.
# 두 배로 오래 기억하게 됩니다.

马修 和玛丽拉 是一对住在加拿大爱德华王子岛的
埃文利从事农活的兄妹。

虽然他们已经是中年，但是都没有结过婚。

所以，他们想要领养一个男孩儿帮他们干农活儿。

马修和玛丽拉向孤儿院申请领养后，就等着那个
男孩儿的到来。

等到那个男孩儿说好要到的那一天，马修去车站
接他。

可是，从孤儿院送来的却是一个小女孩，一头红
发，脸上长满了雀斑，瘦得像个麻杆似的。

"马修，她是谁？那个男孩儿呢？"

"车站里没有什么男孩儿，"马修回答道，"只有她！"

马修朝着女孩儿点了点头，这时他才想起自己还
没问过她的名字。

"天哪，没有男孩儿！可我们和孤儿院说好要送
一个男孩儿过来的。"

不管是哪儿出了差错我总不能把她一个人留在
那个火车站。

在兄妹俩交谈的时候，女孩儿来回看着他们，
一声不吭，没有说话。

突然，孩子丢下了行李，紧紧地攥着
小拳头，然后上前一步激动地喊了起来。

"你们不要我，是因为我不是男孩儿！从来没有人
想要我。"

"我忘记了从来没有人想要我。"

马修劝冲玛丽拉说："哎，她是个好孩子，玛丽拉。"

"你看她多想留下来啊，要是真把她送回去，她

514 | 515

\* 확장형 문장과 줄거리 문장으로 익힌 필수 영어 패턴을 한 번에 정리할 수
있습니다. 출퇴근길이나 잠들기 전, 듣기 파일을 들으며 전체 문장을 소리
내어 읽어 보세요. 긴 문장 말하기, 여러분도 해낼 수 있습니다!

# 目录

# 绿山墙的安妮

Lǜ shān qiáng de　Ānnī

매슈와 마릴라는 남매였다.

**马修 和 玛丽拉**＿＿＿＿＿。
Mǎxiū hé Mǎlìlā

\* 马修(Mǎxiū) 매슈

\* 玛丽拉(Mǎlìlā) 마릴라

매슈와 마릴라는

농사를 지으며 사는 **남매였다.**

**\* 15쪽 빈칸 정답**

是 兄妹
shì xiōngmèi

马修 和 玛丽拉 是 一对
Mǎxiū  hé  Mǎlìlā  shì  yíduì

_____兄妹。
xiōngmèi

**매슈와 마릴라는**

에이번리 마을에서

**농사를 지으며 사는 남매였다.**

\* **17쪽 빈칸 정답**

从事 农活 的
cóngshì nónghuó de

马修 和 玛丽拉 是 一对 住 _____ 从事 农活
Mǎxiū hé Mǎlìlā shì yíduì zhù cóngshì nónghuó

的 兄妹。
de xiōngmèi

\* 埃文利(Āiwénlì) 에이번리 마을

매슈와 마릴라는 에드워드 섬

에이번리 마을에서

농사를 지으며 사는 남매였다.

马修 和 玛丽拉 是 一对 住 在
Mǎxiū hé Mǎlìlā shì yíduì zhù zài

_____ 的 埃文利 从事 农活 的 兄妹。
de Āiwénlì cóngshì nónghuó de xiōngmèi

\* 爱德华王子岛(Àidéhuá wángzǐ dǎo) 에드워드 섬

매슈와 마릴라는 캐나다의
에드워드 섬 에이번리 마을에서
농사를 지으며 사는 남매였다.

* 21쪽 빈칸 정답

爱德华 王子 岛
Àidéhuá  wángzǐ dǎo

马修 和 玛丽拉 是 一对 住在 _____ 爱德华
Mǎxiū hé Mǎlìlā shì yíduì zhù zài Àidéhuá

王子 岛 的 埃文利 从事 农活 的 兄妹。
wángzǐ dǎo de Āiwénlì cóngshì nónghuó de xiōngmèi

\* 加拿大(Jiānádà) 캐나다

매슈와 마릴라는 캐나다의

에드워드 섬 에이번리 마을에서

농사를 지으며 사는 남매였다.

* 23쪽 빈칸 정답

加拿大
Jiānádà

马修和玛丽拉是一对住在加拿大爱德华
Mǎxiū hé Mǎlìlā shì yíduì zhù zài Jiānádà Àidéhuá

王子岛的埃文利从事农活的兄妹。
wángzǐ dǎo de Āiwénlì cóngshì nónghuó de xiōngmèi

그들은 남자아이 하나를 입양하길 원했다.

**他们 想 要**_____。
Tāmen   xiǎng yào

\* 领养(lǐngyǎng) 입양

그들은 그들을 도와줄

남자아이 하나를 입양하길 원했다.

他们 想 要 领养 一 个 男孩儿 _____。

Tāmen xiǎng yào lǐngyǎng yí ge nánháir

그들은 농사일을 도와줄 남자아이 하나를

입양하길 원했다.

* 29쪽 빈칸 정답

帮 他们

bāng tāmen

他们 想 要 领养 一 个 男孩儿 帮 他们 干 _____

Tāmen xiǎng yào lǐngyǎng yí ge nánháir bāng tāmen gàn

_____。

둘 중 누구도 결혼하지 않았기 때문에

그들은 농사일을 도와줄

남자아이 하나를 입양하길 원했다.

* 31쪽 빈칸 정답

农活儿
Nónghuór

_____，

**想 要 领 养 一 个 男 孩 儿 帮 他 们 干 农 活 儿。**
xiǎng yào lǐngyǎng yí  ge    nánháir    bāng tāmen gàn  nónghuór

중년의 나이에도 불구하고 **둘 중 누구도**

**결혼하지 않았기 때문에 그들은 농사일을 도와줄**

**남자아이 하나를 입양하길 원했다.**

因为 他们 俩 都 没有 结 过 婚
yīnwèi tāmen liǎ dōu méiyǒu jié guo hūn

_____ 他们 _____ ，但是 都 没有
　　　　tāmen

结 过 婚， 所以， 他们 想 要 领养 一 个 男孩儿
jié　guo　hūn　　suǒyǐ　　tāmen　xiǎng　yào　lǐngyǎng　yí　ge　nánháir

帮 他们 干 农活儿。
bāng　tāmen　gàn　nónghuór

중년의 나이에도 불구하고 둘 중 누구도

결혼하지 않았기 때문에 그들은 농사일을 도와줄

남자아이 하나를 입양하길 원했다.

* 35쪽 빈칸 정답

虽然, 已经 是 中年
Suīrán,  yǐjīng  shì zhōngnián

虽然 他们 已经 是 中年，但是 都 没有 结过
Suīrán tāmen yǐjing shì zhōngnián dànshì dōu méiyǒu jié guo

婚，所以，他们 想 要 领养 一 个 男孩儿 帮
hūn suǒyǐ tāmen xiǎng yào lǐngyǎng yí ge nánháir bāng

他们 干 农活儿。
tāmen gàn nónghuór

马修 和 玛丽拉 向 孤儿院 申请 领养 后，
Mǎxiū hé Mǎlìlā xiàng gū'éryuàn shēnqǐng lǐngyǎng hòu

就 等 着 那 个 男孩儿 的 到来。
jiù děng zhe nà ge nánháir de dàolái

매슈와 마릴라는 고아원에 입양을 신청한申请 뒤,

아이를 기다렸다.

等到那个男孩儿说好要到的那一
Děngdào nà ge nánháir shuōhǎo yào dào de nà yì

天，马修去车站接他。
tiān Mǎxiū qù chēzhàn jiē tā

마침내 아이가 도착하기로 했던 날 说好要到的那一天,

매슈는 역으로 아이를 데리러 나갔다.

하지만 그 아이는 삐쩍 마른 여자아이였다.

**可是，那是个女孩儿，**＿＿＿＿＿＿＿＿＿＿＿
Kěshì nà shì ge nǚháir

＿＿＿＿＿＿＿＿。

\* 瘦得像个麻秆似的(shòude xiàng ge mágǎn shìde) 삐쩍 마르다

하지만 그 아이는

빨간 머리에 삐쩍 마른 여자아이였다.

瘦得 像 个 麻秆 似的
shòude xiàng ge mágǎn shìde

可是，那是个女孩儿，_____，
Kěshì　　nà shì ge　　nǚháir

瘦得像个麻秆似的。
shòu de xiàng ge　mágǎn　shìde

하지만 그 아이는

얼굴에 주근깨투성이인 **빨간 머리에**

**삐쩍 마른 여자아이였다.**

* 43쪽 빈칸 정답

一头 红发
yìtóu hóngfà

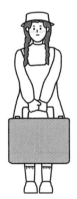

可是，那是个女孩儿，一头红发，_____
Kěshì  nà  shì  ge  nǚháir  yì  tóu  hóng  fà

_____，瘦得像个麻秆似的。
shòu  de  xiàng  ge  mágǎn  shìde

* 长满了雀斑(zhǎngmǎn le quèbān) 주근깨투성이, 주근깨가 많다

하지만 고아원에서 보내온 아이는

얼굴에 주근깨투성이인 빨간 머리에

삐쩍 마른 여자아이였다.

* 45쪽 빈칸 정답

脸上　长满了　雀斑
liǎnshàng zhǎngmǎn le　quèbān

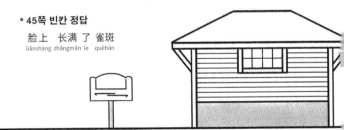

可是，_____ 却是一个
Kěshì                         què shì yí ge

小女孩，一头红发，脸上 长满了雀斑，瘦
xiǎo nǚhái   yì tóu hóng fà   liǎn shàng zhǎng mǎn le quèbān   shòu

得像个麻秆似的。
de xiàng ge mágǎn shìde

* 孤儿院(gū'éryuàn) 고아원

하지만 고아원에서 보내온 아이는

얼굴에 주근깨투성이인 빨간 머리에

삐쩍 마른 여자아이였다.

**\* 47쪽 빈칸 정답**

从 孤儿院 送来 的
cóng gū'éryuàn sònglái de

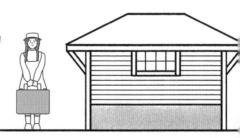

可是，从孤儿院送来的却是一个小女孩，一头红发，脸上长满了雀斑，瘦得像个麻秆似的。

"马修，她是谁？那个男孩儿呢？"
Mǎxiū  tā shì shéi  Nà ge  nánháir  ne

"车站里 没有 什么 男孩儿。"马修 回答 道。
chēzhànlǐ  méiyǒu shénme  nánháir  Mǎxiū  huídá  dào

"只有 她！"
Zhǐyǒu  tā

---

"매슈 오라버니! 저 아인 누구죠?

 남자아인 어디 있나요?"

"남자아인 없었어. 저 아이뿐이었다고."

매슈가 말했다.

马修朝着女孩儿点了点头，这时
Mǎxiū cháo zhe nǚháir diǎn le diǎn tóu, zhè shí

他才想起自己还没问过她的名字。
tā cái xiǎng qǐ zìjǐ hái méi wènguo tā de míngzi

"天哪，没有男孩儿！可我们和孤儿院说
Tiān na, méiyǒu nánháir! Kě wǒmen hé gū'éryuàn shuō

好要送一个男孩儿过来的。"
hǎo yào sòng yí ge nánháir guòlái de

그는 아이의 이름도 물어보지 않았다는 사실을 떠올리며 고

갯짓으로 아이를 가리켰다.

"맙소사! 하지만 고아원에는 남자아이를 데려다 달라고

부탁했잖아요."

"이 아이를 두고 올 수는 없었어."

## 06

**"我 总 不 能 把 她 ＿＿＿＿。"**
Wǒ zǒng bùnéng bǎ tā

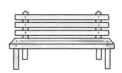

* 那儿(nàr) 그곳, 저기

* 留在(liú zài) 남아 있다, 남겨 두다

"이 아이를 그 역에 두고 올 수는 없었어."

"我 总 不 能 把 她 留 在 _____。"
Wǒ zǒng bùnéng bǎ tā liúzài

"이 아이를 그 역에 혼자 두고 올 수는 없었어."

"我总不能把她 ＿＿＿＿＿＿＿＿ 留在那个
Wǒ zǒng bùnéng bǎ tā                    liúzài   nà   ge

火车站。"
huǒchēzhàn

"뭐가 어디서 잘못된 건진 몰라도 **이 아이를**

 **그 역에 혼자 두고 올 수는 없었어.**"

* 57쪽 빈칸 정답
一 个 人
yí  ge  rén

"＿＿＿＿＿＿＿＿＿＿＿＿＿＿＿＿＿＿ 我 总
Wǒ zǒng

不 能 把 她 一 个 人 留 在 那 个 火 车 站。"
bùnéng bǎ tā yí ge rén liúzài nà ge huǒchēzhàn

"뭐가 어디서 잘못된 건진 몰라도 이 아이를

그 역에 혼자 두고 올 수는 없었어."

* 59쪽 빈칸 정답

不管 是 哪儿 出 了 差错
Bùguǎn  shì  nǎr  chū  le  chācuò

"不管 是 哪儿 出 了 差错，我 总 不能 把 她 一 个
Bùguǎn shì nǎr chū le chācuò Wǒ zǒng bùnéng bǎ tā yí ge

人 留在 那 个 火车站。"
rén liúzài nà ge huǒchēzhàn

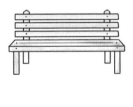

이런 이야기가 오가는 동안,

## 07

_____ **兄妹俩交谈** _____，
　　　xiōngmèi liǎ jiāotán

이런 이야기가 오가는 동안, 아이는 잠자코 있었다.

* 63쪽 빈칸 정답
在, 的 时候
Zài, de shíhou

**在兄妹俩交谈的时候，** _____

_____。

\* 一声不吭(yìshēngbùkēng) 한마디도 말하지 않다

이런 이야기가 오가는 동안, 아이는 두 사람을

번갈아 바라보며 잠자코 있었다.

* 65쪽 빈칸 정답

女孩儿 一声不吭, 没有 说话
nǚháir    yìshēngbùkēng,  méiyǒu shuōhuà

在 兄妹 俩 交谈 的 时候， 女孩儿 _____
Zài xiōngmèi liǎ jiāotán de shíhou　　　nǚháir

_____， 一声不吭， 没有 说话。
yìshēngbùkēng　　　méiyǒu shuō huà

이런 이야기가 오가는 동안, 아이는 두 사람을

번갈아 바라보며 잠자코 있었다.

在 兄妹 俩 交谈 的 时候， 女孩儿 来回 看 着
Zài xiōngmèi liǎ jiāotán de shíhou nǚháir láihuí kàn zhe

他们， 一声不吭， 没有 说话。
tāmen yìshēngbùkēng méiyǒu shuō huà

突然，孩子丢下了珍爱提包，紧紧地攥着
Tūrán    háizi  diū  xià  le  zhēnài  tíbāo    jǐnjǐn  de  zuàn zhe

小拳头，然后上前一步激动地喊了起来。
xiǎo quántou    ránhòu shàng qián  yí  bù  jīdòng  de  hǎn  le   qǐlái

---

그러다 갑자기突然 그녀의 소중한珍爱 가방을 툭 떨어뜨리더니

丢下 두 손을 꼭 쥔 채紧紧地攥着小拳头 한 발짝 앞으로 나와 소리쳤

다喊了起来.

"你们不要我，是因为我不是
Nǐmen bú yào wǒ shì yīnwèi wǒ bú shì

男孩儿！从来没有人想要我。"
nánháir Cónglái méiyǒu rén xiǎngyào wǒ

"제가 남자아이가 아니라서 필요 없으신 거죠!
아무도 저를 원한 적이 없어요."

"난 그걸 잊고 있었어요."

"**我 忘记了 _____。**"
Wǒ  wàng jì  le

* 那个(nà ge) 그것, 저것

"난 아무도 절 원하지 않았다는 걸 **잊고 있었어요.**"

* 73쪽 빈칸 정답

那 个
nà  ge

"**我 忘 记 了** _____。"
Wǒ wàng jì le

"난 아무도 절 원한 적이 없다는 걸 있고 있었어요."

**\* 75쪽 빈칸 정답**

没有 人 想要 我
méiyǒu rén xiǎngyào wǒ

"我忘记了_____没有人想要我。"

"난 아무도 절 원한 적이 없다는 걸 잊고 있었어요."

* 77쪽 빈칸 정답
从来
cónglái

"我 忘记了从来没有人想要我。"
Wǒ wàng jì le cónglái méiyǒu rén xiǎng yào wǒ

马修 劝 玛丽拉 说：“唉，她 是 个 好 孩子，
玛丽拉。”

---

매슈는 마릴라를 설득했다劝~说.

"글쎄다, 저 앤 정말로 좋은 아이야, 마릴라.

"你看她多想留下来啊，要是真

Nǐ kàn tā duō xiǎng liú xiàlái a    yàoshì zhēn

把她送回去，她得多可怜啊。你考

bǎ tā sòng huíqù    tā děi duō kělián a    Nǐ

虑一下，说不定她能给你做个伴儿。"

kǎolǜ yí xià    shuōbudìng tā néng gěi nǐ zuò ge bànr

그렇게 여기 있고 싶어 하는데 다시 돌려보낸다는 게 너무

안됐잖아. 생각해 봐. 저 애가 너의 좋은 이야기 상대가 될

수도 있어."

매슈는 떠올렸다.

**马修** _____。
Mǎxiū

매슈는 앤을 떠올렸다.

**马 修 想 起 了** _____ 。
Mǎxiū xiǎng qǐ le

매슈는 행복해하는 앤을 떠올렸다.

**\* 85쪽 빈칸 정답**

安妮
Ānnī

**马修 想 起 了 安妮** _____ 。
Mǎxiū xiǎng qǐ le Ānnī

\* 开心(kāi xīn) 유쾌하다, 즐겁다

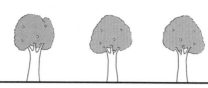

매슈는 평범한 길을 부르며 행복해하던 앤을

떠올렸다.

* 87쪽 빈칸 정답

很 开心
hěn kāixīn

**马 修 想 起 了 安 妮 很 开 心 地** _____
Mǎxiū xiǎng qǐ le Ānnī hěn kāixīn de

_____ 。

* **普通**(pǔ tōng) 평범한
* **小路**(xiǎo lù) 좁은 길
* **叫来**(jiào lái) 부르다

매슈는 사과나무들이 늘어선 평범한 길을

하얀 길이라 부르며 행복해하던 앤을 떠올렸다.

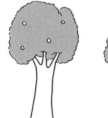

马修想起了安妮把两旁长着苹果树的普通
Mǎxiū xiǎng qǐ le Ānnī bǎ liǎng páng zhǎng zhe píngguǒ shù de pǔtōng

小路叫做"＿＿＿＿＿＿＿＿＿"时的幸福模样。
xiǎolù jiào zuò                                          shí de xìngfú múyàng

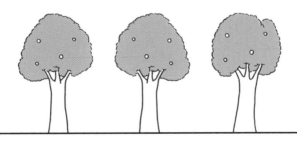

매슈는 사과나무들이 늘어선 평범한 길을 기쁨의

하얀 길이라 부르며 행복해하던 앤을 떠올렸다.

* 91쪽 빈칸 정답

白色 之 路
báisè  zhī  lù

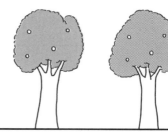

马修想起了安妮把两旁长着苹果树的普通
小路叫做"＿＿＿＿白色之路"时的幸福模样。

매슈는 집으로 오는 길에 사과나무들이 늘어선

평범한 길을 기쁨의 하얀 길이라 부르며 행복해하던

앤을 떠올렸다.

* 93쪽 빈칸 정답

欢乐 的
huānlè  de

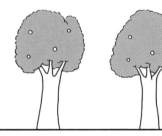

马修 想 起 了 安妮
Mǎxiū xiǎng qǐ le Ānnī

把 两旁 长 着 苹果 树 的 普通 小路 叫 做 "欢乐
bǎ liǎngpáng zhǎng zhe píngguǒ shù de pǔtōng xiǎolù jiào zuò huānlè

的 白色 之 路 " 时 的 幸福 模样。
de báisè zhī lù shí de xìngfú múyàng

매슈는 집으로 오는 길에 사과나무들이 늘어선

평범한 길을 기쁨의 하얀 길이라 부르며 행복해하던

앤을 떠올렸다.

* 95쪽 빈칸 정답
在 回家 的 路上
zài  huíjiā  de  lùshang

马修想起了安妮在回家的路上把两旁
长着苹果树的普通小路叫做"欢乐的白色
之路"时的幸福模样。

马修不讨厌这个爱说话的小女孩。
Mǎxiū bù tǎoyàn zhè ge ài shuō huà de xiǎo nǚhái

玛丽拉决定不把她送回去了。
Mǎlìlā juédìng bù bǎ tā sòng huíqù le

就这样，安妮开始了在绿山墙的生活。
Jiù zhè yàng, Ānnī kāishǐ le zài lǜshānqiáng de shēnghuó

---

매슈는 수다쟁이 작은 소녀가 싫지 않았다. 마릴라는 앤을 돌려보내지 않기로 결심했다. 이렇게 해서 앤은 초록지붕 집에서 살게 되었다.

因为有了安妮这个爱说话，富有
Yīnwèi yǒu le Ānnī zhè ge ài shuō huà fùyǒu

想象力的女孩，马修和玛丽拉过
xiǎngxiànglì de nǚhái Mǎxiū hé Mǎlìlā guò

得很愉快。
de hěn yúkuài

安妮和她最好的朋友戴安娜开始了快乐
Ānnī hé tā zuì hǎo de péngyǒu Dàiānnà kāishǐ le kuàilè

的校园生活。
de xiàoyuán shēnghuó

매슈와 마릴라는 수다스럽고爱说话 상상력想象力이 풍부한 앤 덕
분에 행복하게 생활할 수 있었다. 앤은 단짝 친구 다이애나
를 만나 즐거운 학교생활을 했다.

**9월의 어느 날 아침**, 앤과 다이애나는 걷고 있었다.

🎧 13

**九 月 的 一 个 早 晨 ，** _____
Jiǔ  yuè  de  yí  ge  zǎochén

_____ 。

\* **走**(zǒu) 걷다, 걸어가다

9월의 어느 날 아침, 가장 행복한 두 명의 작은

소녀들인 앤과 다이애나는 걷고 있었다.

* 101쪽 빈칸 정답
安妮 和 戴安娜 走 在 路上
Ānnī hé Dàiānnà zǒu zài lùshang

九月的一个早晨，安妮和戴安娜 _____
Jiǔ yuè de yí ge zǎochén    Ānnī hé Dàiānnà

_____ 走在路上。
                zǒu zài lùshang

9월의 어느 날 아침, 에이번리 마을에서 가장

행복한 두 명의 작은 소녀들인 앤과 다이애나는 걷고

있었다.

这 两 个 最 快乐 的 小 女孩
zhè liǎng ge zuì kuàilè de xiǎo nǚhái

九月的一个早晨，安妮和戴安娜这两个
最快乐的小女孩走在路上。

9월의 어느 날 아침, 에이번리 마을에서 가장

행복한 두 명의 작은 소녀들인 앤과 다이애나는

길을 걷고 있었다.

* 105쪽 빈칸 정답

埃文利
Āiwénlì

九月的一个早晨，安妮和戴安娜这两个
Jiǔ yuè de yí ge zǎochén  Ānnī hé  Dàiānnà  zhè liǎng ge

埃文利 最 快乐 的 小 女孩 走 在 _____ 。
Āiwénlì  zuì  kuàilè  de  xiǎo  nǚhái  zǒu  zài

9월의 어느 날 아침, 에이번리 마을에서 가장

행복한 두 명의 작은 소녀들인 앤과 다이애나는

학교로 향하는 길을 걷고 있었다.

* 107쪽 빈칸 정답
路上
lùshang

九月的一个早晨，安妮和戴安娜这两个
Jiǔ yuè de yí ge zǎochén　Ānnī hé Dàiānnà　zhè liǎng ge

埃文利最快乐的小女孩走在 _____
Āiwénlì zuì kuàilè de xiǎo nǚhái zǒu zài

路上。
lù shang

9월의 어느 날 아침, 에이번리 마을에서 가장 행복한 두 명의 작은 소녀들인 앤과 다이애나는 즐겁게 학교로 향하는 길을 걷고 있었다.

九月的一个早晨，安妮和戴安娜这两个
Jiǔ yuè de yí ge zǎochén Ānnī hé Dàiānnà zhè liǎng ge

埃文利最快乐的小女孩
Āiwénlì zuì kuàilè de xiǎo nǚhái

走在上学的路上。
zǒu zài shàngxué de lùshang

9월의 어느 날 아침, 에이번리 마을에서 가장

행복한 두 명의 작은 소녀들인 앤과 다이애나는

즐겁게 학교로 향하는 길을 걷고 있었다.

* 111쪽 빈칸 정답

興高采烈 地
xìnggāocǎiliè    de

九月的一个早晨，安妮和戴安娜这两个
Jiǔ yuè de yí ge zǎochén   Ānnī hé Dàiānnà zhè liǎng ge

埃文利最快乐的小女孩兴高采烈地走在
Āiwénlì zuì kuàilè de xiǎo nǚhái xìnggāocǎiliè de zǒu zài

上学的路上。
shàngxué de lùshang

戴安娜 说，"今天 吉尔伯特·布莱斯 会来
Dàiānnà shuō  Jīntiān  Jíěrbótè · Bùláisī huì lái

上学。
shàngxué

他从他的堂兄弟家回来了。
Tā cóng tā de tángxiōngdì jiā huílái le

他非常帅，安妮。"
Tā fēicháng shuài  Ānnī

---

다이애나가 말했다.

"길버트 블라이스가 오늘 학교에 올 것 같아.

 사촌 집에 가 있었대. 대단히非常 잘생긴 친구야, 앤

## 14

"还有 他 不停 地 捉弄 女孩儿。
Háiyǒu tā bùtíng de zhuōnòng nǚháir

他 老是 折磨 我们。"
tā lǎoshì zhémó wǒmen

그리고 여자애들은 괴롭히길 좋아해.

그 애는 아예 우리 일상을 헤집어놓는다니깐<sup>折磨</sup>."

하지만 다이애나의 목소리는 드러내고 있었다.

**可是 从 戴安娜 的 声音 中** _____ 。
Kěshì cóng Dàiānnà de shēngyīnzhōng

---

\* **听出**(tīng chū) 알아듣다, 알아챘다

하지만 다이애나의 목소리는 그녀가 그녀의 일상이

헤집어지는 편을 차라리 더 좋아하고 있음을

드러내고 있었다.


* 117쪽 빈칸 정답

不难 听 出
bùnán tīng chū

可是 从 戴安娜 的 声音 中 不难 听 出 她 _____
Kěshì cóng Dàiānnà de shēngyīn zhōng bùnán tīng chū tā

他 _____。
tā

* 宁愿(nìngyuàn) 오히려, 차라리

* 被~折磨(bèi~ zhémó) 헤집어지는

하지만 다이애나의 목소리는 그녀가 그녀의 일상이

헤집어지는 편을 그 반대보다 차라리 더 좋아하고 있

음을 드러내고 있었다.

* 119쪽 빈칸 정답

宁愿 被, 折磨
nìngyuàn bèi,　zhémó

可是从戴安娜的声音中不难听出她宁愿被
他折磨，也不愿 _____ 。

하지만 다이애나의 목소리는 그녀가 그녀의 일상이

헤집어지는 편을 그 반대보다 차라리 더 좋아하고 있

음을 드러내고 있었다.

* 121쪽 빈칸 정답

不 被 理会
bú  bèi  lǐhuì

可是从戴安娜的声音中不难听出她宁愿被
Kěshì cóng Dàiānnà de shēngyīn zhōng bùnán tīng chū tā nìngyuàn bèi

他折磨，也不愿不被理会。
tā zhémó yě búyuàn bú bèi lǐhuì

戴安娜 说 道：“吉尔伯特 会 成为 你 的 同班
同学。”

---

다이애나가 말했다.

"길버트는 너랑 같은 반에 들어갈 거야.

🎧 16

"他在他们班一直是第一名，我
Tā zài tāmen bān yìzhí shì dì yì míng wǒ

告诉你，以后你想得第一名，就
gàosù nǐ yǐhòu nǐ xiǎng dé dì yì míng jiù

没那么容易了，安妮。"
méi na me róngyì le Ānnī

그 앤 반에서 1등을 도맡아 하곤 했어.

이제 계속 1등 하기가 쉽지 않을 거야, 앤."

**필립스 선생님이** 교실에 있을 때,

## 17

## 当 菲利普斯 老师 _____ ，
Dāng　Fēilìpǔsī　lǎoshī

**필립스 선생님이 교실 뒤에 있을 때,**

\* 127쪽 빈칸 정답
在 教室 的 时候
zài jiàoshi de shíhou

当 菲利普斯 老师 在 教室 ＿＿＿＿＿ 的 时候，
Dāng Fēilìpǔsī lǎoshī zài jiàoshì de shíhou

필립스 선생님이 교실 뒤에서 라틴어 낭독을 듣고 있

을 때,

当 菲利普斯 老师 在 教室 后面 ＿＿＿＿＿＿＿
Dāng　Fēilìpǔsī　　lǎoshī　zài　jiàoshì　hòumiàn

＿＿＿＿＿＿ 的 时候，
　　　　　　 de　shíhou

필립스 선생님이 교실 뒤에서 학생 중 하나의

라틴어 낭독을 듣고 있을 때,

当 菲利普斯 老师 在 教室 后面 听
Dāng Fēilìpǔsī lǎoshī zài jiàoshì hòumiàn tīng

朗读 拉丁语 的 时候，
lǎngdú Lādīngyǔ de shíhou

필립스 선생님이 교실 뒤에서 학생 중 하나의

라틴어 낭독을 듣고 있을 때, 다이애나가 속삭였다.

* 133쪽 빈칸 정답

一 名 学生
yì  míng  xuésheng

当 菲利普斯 老师 在 教室 后面 听 一 名 学生
Dāng Fēilìpǔsī lǎoshī zài jiàoshì hòumiàn tīng yì míng xuésheng

朗读 拉丁语 的 时候，_____

_____。

필립스 선생님이 교실 뒤에서 학생 중 하나의

라틴어 낭독을 듣고 있을 때,

다이애나가 앤에게 속삭였다.

* 135쪽 빈칸 정답

戴安娜 悄悄 地 说
Dài'ānnà  qiāoqiāo de shuō

当 菲利普斯 老师 在 教室 后面 听 一 名 学生
Dāng Fēilìpǔsī lǎoshī zài jiàoshì hòumiàn tīng yì míng xuésheng

朗读 拉丁语 的 时候 ， 戴安娜 悄悄 地
lǎngdú Lādīngyǔ de shíhou Dàiānnà qiāoqiāo de

___ 说 。
shuō

필립스 선생님이 교실 뒤에서 학생 중 하나의

라틴어 낭독을 듣고 있을 때,

다이애나가 앤에게 속삭였다.

* 137쪽 빈칸 정답

对　安妮
duì　Ānnī

当 菲利普斯 老师 在 教室 后面 听 一 名 学生
朗读 拉丁语 的 时候，戴安娜 悄悄 地 对 安妮
说。

"저 애가 **길버트 블라이스야.**"

## 18

"____ 就是 吉尔伯特·布莱斯。"
　　jiùshì　Jíěrbótè　·　Bùláisī。

"바로 저기에 앉아 있는 **애가 길버트 블라이스야.**"

* 141쪽 빈칸 정답

他
Tā

"＿＿＿＿＿＿＿＿＿＿他 就是 吉尔伯特·布莱斯。"

　　　　　　　　　tā　 jiùshì　 Jíěrbótè　 ·　 Bùláisī。

\* 坐在那儿(zuò zài nàr) 저기(거기)에 앉다

"통로를 사이에 두고 건너편에 앉아 있는 애가

길버트 블라이스야."

* 143쪽 빈칸 정답
坐 在 那儿 的
zuò zài nàr de

"_____坐_____的就是
　　　　　　　　zuò　　　　　　　de　jiùshì

吉尔伯特·布莱斯。"
Jíěrbótè　　·　　Bùláisī。

"통로를 사이에 두고 네 건너편에 앉아 있는 애가

길버트 블라이스야, 앤."

* 145쪽 빈칸 정답
隔 着 过道, 在 对面
Gé zhe guòdào, zài duìmiàn

"隔着过道坐在 ___ 对面的就是吉尔伯特·
布莱斯，安妮。"

"통로를 사이에 두고 네 건너편에 앉아 있는 애가

길버트 블라이스야, 앤."

* 147쪽 빈칸 정답
你
ni

"隔着过道坐在你对面的就是吉尔伯特·
Gé zhe guòdào zuò zài nǐ duìmiàn de jiùshì Jíěrbótè

布莱斯，安妮。"
Bùláisī。 Ānnī

"그를 한 번 봐."

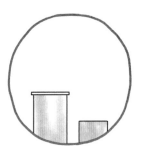

" ＿＿＿＿ 他 吧。"
        tā  ba

"네가 그렇게 생각하지 않는지 어떤지 그를 한 번

봐."

**"看看他，＿＿＿＿＿＿？"**
Kànkan  tā

\* 怎么样(zěnmeyàng) 어떠하냐

"잘생겼는지 어떤지 그를 한 번 봐."

* 153쪽 빈칸 정답

你 觉得 怎么样
nǐ  juéde  zěnmeyàng

"**看看他，你觉得** _____。"
Kànkan tā nǐ juéde

"잘생겼는지 어떤지 그를 한 번 봐."

* 155쪽 빈칸 정답

帅 不 帅
shuài bú shuài

"看看他，你觉得帅不帅。"
Kànkan   tā    nǐ   juéde  shuài bú shuài

앤에게는 그렇게 할 좋은 기회가 있었다.

**安妮** _____ **这么 做。**
Ānnī                    zhème   zuò

\* 有(yǒu) 있다

\* 好机会(hǎo jīhuì) 좋은 기회

길버트 블라이스는 마침 정신이 없었기 때문에

앤은 마음껏 볼 수 있었다.

* 161쪽 빈칸 정답

有 好 机会
yǒu hǎo jīhuì

安妮 能 无所顾忌 地 观察 吉尔伯特·布莱斯，
Ānnī néng wúsuǒgùjì de guānchá Jíěrbótè · Bùláisī

是 因为 ＿＿＿＿＿＿＿＿＿。
shì yīnwèi

* 忙得不可开交(máng de bùkě kāijiāo) 정신이 없다

길버트 블라이스는 마침 한 여자아이의 길게 땋은

금발을 핀으로 고정시켜 주느라 정신이 없었기

때문에 앤은 마음껏 볼 수 있었다.

* 161쪽 빈칸 정답

他 正 忙着
tā  zhèng mángzhe

**安妮 能 无所顾忌 地 观察 吉尔伯特·布莱斯，**
Ānnī néng wúsuǒgùjì de guānchá Jíěrbótè · Bùláisī

**是 因为 他 正 忙 着** _____
shì yīnwèi tā zhèng mángzhe

_____。

\* 用大头钉固定(yòng dàtóudīng gùdìng) 핀으로 고정하다

\* 长辫子(cháng biànzi) 땋은 머리

길버트 블라이스는 마침 앞자리에 앉은

한 여자아이의 길게 땋은 금발을 핀으로 고정시켜

주느라 정신이 없었기 때문에 앤은 마음껏 볼 수 있었다.

一个 女孩 的 金色 长 辫子 用 大头钉 固定 住 了
yíge　nǚhái　de　jīnsè　cháng biànzi　yòng　dàtóudīng　gùdìng　zhù　le

安妮 能 无所顾忌 地 观察 吉尔伯特·布莱斯，
Ānnī néng wúsuǒgùjì de guānchá Jíěrbótè · Bùláisī

是 因为 他 正 忙着 _____ 一 个
shì yīnwèi tā zhèng mángzhe yí ge

女孩 的 金色 长 辫子 用 大头钉 固定 住 了。
nǚhái de jīnsè cháng biànzi yòng dàtóudīng gùdìng zhù le

* 在前面的(zài qiánmiàn de) ~의 앞에

길버트 블라이스는 마침 앞자리에 앉은

한 여자아이의 길게 땋은 금발을 의자 등받이에

핀으로 고정시켜 주느라 정신이 없었기 때문에

앤은 마음껏 볼 수 있었다.

* 165쪽 빈칸 정답
坐 在 前面 的
zuò zài qiánmiàn de

安妮 能 无所顾忌 地 观察 吉尔伯特·布莱斯，
Ānnī néng wúsuǒgùjì de guānchá Jiěrbótè · Bùláisī

是 因为 他 正 忙着 把 坐 在 前面 的 一 个 女孩 的
shì yīnwèi tā zhèng mángzhe bǎ zuò zài qiánmiàn de yí ge nǚhái de

金色 长 辫子 用 大头钉 固定 _____
jīnsè cháng biànzi yòng dàtóudīng gùdìng

_____。

길버트 블라이스는 마침 앞자리에 앉은

한 여자아이의 길게 땋은 금발을 의자 등받이에

핀으로 고정시켜 주느라 정신이 없었기 때문에

앤은 마음껏 볼 수 있었다.

**\* 167쪽 빈칸 정답**

在 椅子 的 靠背 上
zài　yǐzi　　de　kàobèi shang

安妮 能 无所顾忌 地 观察 吉尔伯特·布莱斯，

是 因为 他 正 忙着 把 坐 在 前面 的 一 个 女孩 的

金色 长 辫子 用 大头钉 固定 在 椅子 的 靠背 上。

이윽고 루비 길리스가 일어섰다.

## 21

**过了一会儿，鲁比·吉利斯** _____。
Guò le yíhuìr    Lǔbǐ · Jílìsī

* 过了一会儿(guò le yíhuìr) 이윽고

* 站起来(zhàn qǐlái) 일어섰다

이윽고 루비 길리스가 선생님께 수학 문제 답을 이야기하려고 일어섰다.

* 171쪽 빈칸 정답
站　起来
zhàn　qǐlái

**过了一会儿，鲁比·吉利斯要站起来** _____
Guò le yíhuìr Lǔbǐ · Jílìsī yào zhàn qǐlái

_____。

* 老师(lǎo shī) 선생님

이윽고 루비 길리스가 선생님께 수학 문제 답을

이야기하려고 일어서는 순간, 그녀는 의자에 도로

주저앉았다.

回答 老师 的 数学 问题
huídá lǎoshī de shùxué wèntí

过了一会儿，鲁比·吉利斯 要 站 起来 回答
老师 的 数学 问题 的 时候，＿＿＿＿＿＿＿＿

＿＿＿＿＿＿＿＿＿＿＿＿＿＿＿。

이윽고 루비 길리스가 선생님께 수학 문제 답을 이야기하려고 일어서는 순간, 그녀는 비명을 지르며 의자에 도로 주저앉았다.

* 175쪽 빈칸 정답

她 突然 又 跌 坐 在 椅子 上
tā türán yòu diē zuò zài yǐzi shang

过了一会儿，鲁比·吉利斯要站起来回答老师的数学问题的时候，她突然_____又跌坐在椅子上。

이윽고 루비 길리스가 선생님께 수학 문제 답을 이야기하려고 일어서는 순간, 그녀는 머리카락이 통째로 빠지는 듯한 고통에 비명을 지르며 의자에 도로 주저앉았다.

过了一会儿，鲁比·吉利斯要站起来回答
Guò le yíhuìr Lǔbǐ · Jílìsī yào zhàn qǐlái huídá

老师的数学问题的时候，她突然尖叫一声
lǎoshī de shùxué wèntí de shíhou tā tūrán jiānjiào yìshēng

又跌坐在椅子上，_____
yòu diē zuò zài yǐzi shang

_____。

* 连根拔起(lián gēn bá qǐ) 뿌리째 뽑히다, 뿌리 뽑다

* 根(gēn) 뿌리

이윽고 루비 길리스가 선생님께 수학 문제 답을 이야기하려고 일어서는 순간, 그녀는 머리카락이 통째로 빠지는 듯한 고통에 비명을 지르며 의자에 도로 주저앉았다.

过了一会儿，鲁比·吉利斯要站起来回答老师的数学问题的时候，她突然尖叫一声又跌坐在椅子上，她觉得自己的头发被连根拔起。

她哭了起来，吉尔伯特很快把那一颗
大头钉藏到了看不见的地方，装出世界上
最认真的表情学起了历史。
但这场风波平静下来，他冲安妮眨了眨
眼。

---

루비가 울기 시작하자 길버트는 보이지 않게 얼른 핀을 치우고는藏到了 세상에서 가장 진지한最认真的 얼굴로 역사 공부를 하는 척했다. 하지만 소란이 가라앉자 앤을 바라보며 익살스런 몸짓으로 한쪽 눈을 찡긋해眨眼 보였다.

## 22

放学后，安妮向戴安娜吐露：
Fàngxué hòu, Ānnī xiàng Dàiānnà tǔlù

"我觉得你提到的那个吉尔伯特·
Wǒ juéde nǐ tídào de nà ge Jí'ěrbótè

布莱斯确实很帅，可他的脸皮也太厚了
Bùláisī quèshí hěn shuài Kě tā de liǎnpí yě tài hòu le

吧。"
ba

앤이 다이애나에게 솔직히 말했다吐露.

"네가 말한 길버트 블라이스는 잘생기긴 했어.

하지만 아주 뻔뻔한脸皮太厚 것 같아."

"더군다나, 그건 예의 없는 짓이야."

**"再说，**_____。**"**
Zàishuō

"더군다나, 윙크를 하는 건 예의 없는 짓이야."

* 185쪽 빈칸 정답
那是不礼貌的 行为
Nà shì bù lǐmào de xíngwéi

"再说，＿＿＿＿是不礼貌的行为。"
Zàishuō　　　　　shì bù lǐmào de xíngwéi

"더군다나, 처음 보는 여자에게 **윙크를 하는 건** 예의

없는 짓이야."

* 187쪽 빈칸 정답
眨眼
zhǎyǎn

"再说，_____眨眼是不
Zàishuō                              zhǎyǎn  shì  bù

礼貌的行为。"
lǐmào   de   xíngwéi

* 陌生(mòshēng) 낯선

"더군다나, 처음 보는 여자에게 윙크를 하는 건 예의

없는 짓이야."

"再说，冲陌生的女孩眨眼是不礼貌的
Zàishuō   chòng mòshēng de  nǚhái  zhǎyǎn  shì  bù  lǐmào  de

行为。"
xíngwéi

吉尔伯特·布莱斯 想方设法 引起 安妮·雪利 的
注意，但 每次 都 以 失败 而 告终。因为 此刻
的 安妮 不仅 对 吉尔伯特 的 存在 毫不关心，
甚至 还 把 埃文利 学校 和 所有 学生 等 这 一切
都 抛到 了 九霄云外。

---

길버트 블라이스는 앤 셜리의 시선을 끌려고 애썼지만 완전

히 실패였다. 앤은 그 순간此刻 길버트뿐만 아니라 에이번리

학교 학생学生 모두와 학교 그 자체를 깡그리 잊고 있었다抛到了

九霄云外.

她 双手 托着 下巴，目不转睛 地 从
Tā shuāngshǒu tuōzhe  xiàba     mùbùzhuǎnjīng  de  cóng

西窗口 眺望 着 那边 碧蓝 的 "闪耀 之
xīchuāngkǒu tiàowàng zhe nà biān bìlán de  shǎnyào zhī

湖(Lake of Shining Waters)"。
hú

양손으로 턱下巴을 받치고托着, 서쪽 창으로 내다보이는 반짝이

는 호수의 파란 물빛에 시선을 고정한目不转睛 채,

**그녀는** 머나먼 환상의 꿈나라에 있었다.

## 她 正 忙 着 _____。
Tā zhèng mángzhe

* 幻想世界(huànxiǎng shìjiè) 꿈나라, 유토피아

**그녀는 머나먼 환상의 꿈나라를 돌아다니느라**

아무것도 들리지도 보이지도 않았다.

* 195쪽 빈칸 정답

遨游 遥远 的 幻想 世界

áoyóu  yáoyuǎn  de  huànxiǎng  shìjiè

**她正忙着遨游遥远的幻想世界，** _____

Tā zhèng mángzhe  áoyóu  yáoyuǎn  de  huànxiǎng  shìjiè

_____。

그녀는 머나먼 환상의 꿈나라를 돌아다니느라

자신만의 아름다운 풍경 이외에는 아무것도

들리지도 보이지도 않았다.

* 197쪽 빈칸 정답

什么 都 听 不 见, 也 看 不 到 了

shénme dōu tīng bu jiàn, yě kàn bu dào le

她正忙着遨游遥远的幻想世界，

，她什么

都听不见，也看不到了。

그녀는 머나먼 환상의 꿈나라를 돌아다니느라

자신만의 아름다운 풍경 이외에는 아무것도

들리지도 보이지도 않았다.

\* **199쪽 빈칸 정답**

除了　自己　眼前　神奇　的　景色
chúle　zìjǐ　yǎnqián　shénqí　de　jǐngsè

她正忙着遨游遥远的幻想世界，除了自己
眼前神奇的景色，她什么都听不见，也
看不到了。

**길버트 블라이스는 익숙하지 않았다.**

**吉尔伯特·布莱斯 很** _____。
Jíěrbótè · Bùláisī hěn

길버트 블라이스는 실패하는 것에 익숙하지 않았다.

**吉尔伯特·布莱斯很不习惯**_____。
Jíěrbótè · Bùláisī hěn bù xíguàn

\* 失败(shībài) 실패, 실수

길버트 블라이스는 만드는 일에 실패하는 것에

익숙하지 않았다.

* 205쪽 빈칸 정답
失敗
shībài

吉尔伯特·布莱斯 很 不 习惯 自己 ___ 不到。

Jí'ěrbótè · Bùláisī hěn bù xíguàn zìjǐ búdào

* 做(zuò) 제조하다, 만들다

길버트 블라이스는 여자아이가 자신을 쳐다보도록 만

드는 일에 실패하는 것에 익숙하지 않았다.

* 207쪽 빈칸 정답

做

zuò

吉尔伯特·布莱斯 很 不 习惯 _____ 不 了 ____

_____。

길버트 블라이스는 여자아이가 자신을 쳐다보도록 만

드는 일에 실패하는 것에 익숙하지 않았다.

* 209쪽 빈칸 정답

吸引, 女 孩子
xīyǐn, nǚ háizi

吉尔伯特·布莱斯很不习惯自己吸引不了
女孩子。

吉尔伯特 觉得 这个 满头 红 发，长着 一 双
Jíěrbótè juéde zhè ge mǎntóu hóng fà zhǎngzhe yì shuāng

大眼睛、下巴 尖尖 的 姑娘，和 其他 的
dàyǎnjīng xiàbā jiānjiān de gūniáng hé qítā de

埃文利 女孩子 迥然不同 的 安妮 也 应该 朝着
Āiwénlì nǚháizi jiǒngránbùtóng de Ānnī yě yīnggāi cháozhe

他 这边 看。
tā zhèbiān kàn

---

따라서 뾰족한 턱에, 에이번리의 다른 여학생들 같지 않게
눈이 유난히 큰 빨간 머리满头红发 앤 셜리도 자신을 보아야 한
다고 생각했다.

🎧 27

吉尔伯特 隔着 过道 伸出手，一把
Jíěrbótè gézhe guòdào shēn chū shǒu yì bǎ

揪住 安妮 长长的 红色 辫梢，凑近
jiūzhù Ānnī chángcháng de hóngsè biànshāo còujìn

她的耳边，然后用刺耳的声音低声说：
tā de ěrbiān ránhòu yòng cì'ěr de shēngyīn dīshēng shuō

"胡萝卜！胡萝卜！"
Húluóbo! Húluóbo!

길버트가 통로 건너편으로 팔을 뻗어 길게 땋은 앤의 빨간

머리끝을 들어올리고는 날카롭게刺耳的声音 속삭였다低声说.

"홍당무, 홍당무!"

그러자 앤이 길버트를 쏘아보았다.

这样 一来，安妮 _____ 他 。
Zhèyàng yìlái Ānnī tā

그러자 앤이 잡아먹을 듯 길버트를 쏘아보았다.

**这样一来，安妮 _____ 瞪了他。**
Zhèyàng yìlái Ānnī dèng le tā

그러자 앤이 잡아먹을 듯 길버트를 쏘아보았다.

**这样一来，安妮狠很地瞪了他。**
Zhèyàng yìlái Ānnī hěnhěn de dèng le tā

安妮 瞪着 他， 还 情绪 激动 地 喊道："你 真
Ānnī dèngzhe tā hái qíngxù jīdòng de hǎndào： Nǐ zhēn

让 人 讨厌！"
ràng rén tǎoyàn

啪！
Pā！

---

앤은 쏘아보는 것만으로 그치지 않았다.

앤이 흥분해서激动地 소리쳤다喊道.

"이 비열한讨厌 놈아!"

퍽啪!

## 29

安妮 拿起 石板 照着 吉尔伯特 的
Ānnī náqǐ shíbǎn zhàozhe Jíěrbótè de

脑袋 狠狠 地 一击， 石板 当即 断成
nǎodài hěnhěn de yìjī shíbǎn dāngjí duànchéng

了 两截。
le liǎngjié

埃文利 学校 的 学生们 向来 都 喜欢 看 热闹，
Āiwénlì xuéxiào de xuéshengmen xiànglái dōu xǐhuan kàn rènao

而 这 场面 又 是 特别 的 有趣。
ér zhè chǎngmiàn yòu shì tèbié de yǒuqù

앤이 석판石板을 길버트의 머리에 내리쳐서 두 동강을 내버렸
다. 에이번리 학교 아이들은 항상 소동热闹을 좋아했다. 그리
고 이번 일은 특히特别 재미있는有趣 사건이었다.

大家 既 害怕 又 兴奋 地 "啊" 了 一声。
Dàjiā jì hàipà yòu xīngfèn de A le yīshēng

---

모두 '와!' 하며 두려우면서도既害怕 기쁨兴奋에 찬 탄성을
내질렀다.

## 30

"安妮·雪利，这到底怎么回事？"
Ānnī · Xuělì zhè dàodǐ zěnme huíshì

菲利普斯老师生气地吼道。
Fēilìpǔsī lǎoshī shēngqì de hǒudào

可安妮一声不吭，就是不回答。
Kě Ānnī yìshēngbùkēng jiùshì bù huídá

필립스 선생님이 화난生气地 목소리로 말했다.

"앤 셜리, 이게 뭐하는 짓이냐?"

앤은 아무 대답도 하지 않았다.

이건 너무 큰 요구였다.

这 个 要 求 _____ 了。
Zhè ge yāoqiú        le

이건 너무 큰 살과 피의 요구였다.

这个要求太过分了，实在＿＿＿＿＿＿＿＿＿＿。
Zhè ge yāoqiú tài guòfèn le， shízài

이건 그녀에게 기대하기엔 너무 큰 살과 피의

요구였다.

　无法　忍受
　wúfǎ　rěnshòu

_____，这个要求太过分了，
Zhè ge yāoqiú tài guòfèn le

**实在无法忍受**。
shízài wúfǎ rěnshòu

* 这么做(zhème zuò) 이렇게 하다

전교생 앞에서 이야기하는 것은 그녀에게

기대하기엔 너무 큰 살과 피의 요구였다.

* 229쪽 빈칸 정답

要 让 她 这么 做
Yào ràng tā zhème zuò

____，这个要求太过分了，实在无法忍受。

Zhè ge yāoqiú tài guòfèn le shízài wúfǎ rěnshòu

그녀가 '홍당무'라고 불려진 것을 **전교생 앞에서**

**이야기하는 것은 그녀에게 기대하기엔 너무 큰 살과**

**피의 요구였다.**

要让她在全体学生面前解释，_____

_____，这个要求太过分

了，实在无法忍受。

그녀가 '홍당무'라고 불려진 것을 전교생 앞에서

이야기하는 것은 그녀에게 기대하기엔 너무 큰 살과

피의 요구였다.

* 233쪽 빈칸 정답

她 被 人 叫 作 "胡萝卜"
tā  bèi  rén  jiào  zuò  'húluóbo'

要让她在全体学生面前解释，她被人叫作

"胡萝卜"，这个要求太过分了，实在无法

忍受。

吉尔伯特却坚定地先开口说话。
Jíěrbótè　　què jiāndìng de xiān kāikǒu shuōhuà

"是我不对，菲利普斯老师。我取笑了她。"
Shì wǒ búduì　　Fēilìpǔsī　　lǎoshī　Wǒ qǔxiào le tā

---

길버트가 먼저 용감하게坚定地 입을 열었다.

"제 잘못입니다, 필립스 선생님. 제가 앤을 놀렸어요取笑."

菲利普斯 老师 没有 理会 吉尔伯特。
Fēilìpǔsī   lǎoshī   méiyǒu   lǐhuì   Jíěrbótè

"安妮，你 到 讲台 上 来，在 黑板
Ānnī   nǐ   dào   jiǎngtái shàng lái   zài   hēibǎn

前面，今天 下午 一直 站 到 放学 为止。"
qiánmiàn   jīntiān   xiàwǔ   yìzhí   zhàn   dào   fàngxué   wéizhǐ

---

필립스 선생님은 길버트의 말에는 아랑곳하지理会 않았다.

"앤, 남은 오후 시간 동안 칠판黑板 앞 교단讲台 위에
 서 있어라."

"이런 학생을 보다니 **안타까운 일이구나.**"

"**我 感 到 很 遗 憾，**
Wǒ gǎndào hěn yíhàn

_____。"

\* 这样(zhè yàng) 이러한

"내 학생 중에 이렇게 고약하고 못된 아이가 있다니

안타까운 일이구나."

* 239쪽 빈칸 정답
有 你 这 样 的 学生
yǒu  nǐ  zhè yàng de xuésheng

"**我 感 到 很 遗憾，有你** _____
Wǒ gǎndào hěn yíhàn　　 yǒu nǐ

_____ **学生。**"
　　　　　　　　　　　　　　　　　　　　　　　　xuésheng

* 脾气(píqi) 성격, 기질, 성미

* 报复心(bàofùxīn) 복수심, 앙심

"내 학생 중에 이렇게 고약하고 못된 아이가 있다니

안타까운 일이구나."

\* 241쪽 빈칸 정답
这 样 一 个 脾气 又 大 报复心 又 重 的
zhè yàng yí ge píqì yòu dà bàofùxīn yòu zhòng de

"我感到很遗憾，有你这样一个脾气又大报复心又重的学生。"

菲利普斯老师拿来粉笔，在安妮头顶上的
Fēilìpǔsī    lǎoshī   nálái   fěnbǐ    zài    Ānnī    tóudǐng shàng de

黑板上写道。
hēibǎn shàng xiědào

---

필립스 선생님이 앤의 머리 위安妮头顶上的 칠판에 분필粉笔로 이
렇게 썼다.

"安妮·雪利脾气很坏。安妮·雪利必须
Ānnī · Xuělì píqi hěn huài Ānnī · Xuělì bìxū

要学会控制自己的脾气。"
yào xué huì kòngzhì zìjǐ de píqi

🎧 34

"앤 셜리는 성질이 고약합니다.

앤 셜리는 화를 참는 법을 배워야 합니다."

필립스 선생님은 그것을 읽었다.

**菲利普斯 老师** _____ 。
Fēilìpǔsī    lǎoshī

\* 念(niàn) (소리내어) 읽다, 낭독하다

\* 那句话(nà jù huà) 그 말

필립스 선생님은 큰 소리로 읽었다.

**菲利普斯 老师**＿＿＿＿＿＿＿＿**念 了 一遍。**
Fēilìpǔsī   lǎoshī                        niàn   le   yíbiàn

필립스 선생님은 1학년 아이들까지 알아들을 수 있게 **큰 소리로 읽었다.**

* 249쪽 빈칸 정답

大声 地
dàshēng de

**菲利普斯 老师 大声 地 念 了 一遍，**
Fēilìpǔsī    lǎoshī  dàshēng  de  niàn  le  yíbiàn

_____

_____ 。

* 一年级(yì niánjí) 1학년

필립스 선생님은 1학년 아이들까지 알아들을 수 있게 큰 소리로 읽었다.

菲利普斯 老师 大声 地 念 了 一 遍， 连 一 年级
Fēilìpǔsī  lǎoshī  dàshēng  de  niàn  le  yíbiàn  lián  yìniánjí

的 学生 也 都 能 听 明白。
de  xuésheng  yě  dōu  néng  tīng  míngbái

一 放学， 安妮 便 扬着 头 冲 了 出来。
Yī  fàngxué    Ānnī  biàn  yángzhe  tóu chōng le   chūlái

吉尔伯特·布莱斯 想 要 拦住 她。
Jǐěrbótè   ·   Bùláisī   xiǎng yào  lánzǔ   tā

---

수업이 끝나자一放学 앤은 빨간 머리를 빳빳이 들고 밖으로 나

왔다冲了出来.

길버트 블라이스가 현관문에서 앤을 막아서려想要拦住 했다.

## 36

"安妮拿你的头发乱开玩笑，实在
Ānnī ná nǐ de tóufà luàn kāi wánxiào shízài

对不起 。"
duìbùqǐ

吉尔伯特 带着 悔意， 小声 地 道歉。
Jíěrbótè dàizhe huǐyì xiǎoshēng de dàoqiàn

可是 安妮 却 不理不睬， 轻蔑地 从他身边
Kěshì Ānnī què bùlǐbùcǎi qīngmiè de cóng tā shēnbiān

走过去 了。
zǒuguòqù le

---

길버트가 잘못을 뉘우치며 带着悔意 속삭였다.

"네 머리를 갖고 놀려서 정말实在 미안해."

앤은 본 척도 하지 않고 경멸하듯轻蔑地 휙 지나가 버렸다从他身边

走过去.

어느 날 앤은 배에 올랐다.

有一天，安妮 ＿＿＿＿＿＿＿。
Yǒu　yìtiān　　　Ānnī

어느 날 앤은 혼자 배에 올랐다.

* 257쪽 빈칸 정답

上了 船
shàngle chuán

**有 一 天 ， 安 妮 _____ 上 了 船 。**
Yǒu  yìtiān    Ānnī             shàngle chuán

어느 날 앤은 친구들이 보는 앞에서 혼자 배에

올랐다.

* 259쪽 빈칸 정답

一个 人
yíge  rén

有一天，安妮 _____
Yǒu yìtiān Ānnī

一个人上了船。
yíge rén shàngle chuán

* 在~的 面前(zài~de miànqián) ~이 보는 앞에서

어느 날 앤은 '백합 아가씨의 죽음'을 흉내 내보기

위해 친구들이 보는 앞에서 혼자 배에 올랐다.

有 一 天 ， 安妮 ＿＿＿＿＿＿＿＿＿＿＿＿＿＿＿＿＿＿＿＿＿＿＿＿＿＿
Yǒu　yìtiān　　Ānnī

＿＿＿＿＿＿＿＿＿＿＿ ， 在 朋友们 的 面前 一个 人 上了
　　　　　　　　　　 zài　péngyǒumen　de　miànqián　yíge　rén　shàngle

船 。
chuán

* 扮演(bànyǎn) ~의 역을 맡아 하다
* "百合花女仆之死"(Bǎihé huā nǚ pú zhī sǐ) '백합 아가씨의 죽음'

어느 날 앤은 시의 한 장면인 '백합 아가씨의 죽음'을
흉내 내보기 위해 친구들이 보는 앞에서 혼자 배에 올
랐다.

有一天，安妮 为了 扮演 "百合花 女仆 之 死"
Yǒu  yìtiān    Ānnī  wèile  bànyǎn    bǎihé huā  nǔ pú  zhī  sǐ

_____，在 朋友们 的 面前 一个
                     zài  péngyǒumen  de  miànqián  yíge

人 上了 船。
rén  shàngle chuán

*诗(shī) 시

어느 날 앤은 시의 한 장면인 '백합 아가씨의 죽음'을 흉내 내보기 위해 친구들이 보는 앞에서 혼자 배에 올랐다.

有一天，安妮为了扮演"百合花 女仆 之 死"
Yǒu　yìtiān　　　Ānnī　　wèile　bànyǎn　　　bǎihé huā　　nǚ pú　zhǐ　sǐ

诗里的场面，在朋友们的面前一个人上了
shīlǐ　de chǎngmiàn　　zài　péngyǒumen　de　miànqián　yíge　rén　shàngle

船。
chuán

얼마 동안 앤은 천천히 떠내려가며,

一会儿，安妮 _____ ，
Yíhuìr      Ānnī

얼마 동안 앤은 천천히 떠내려가며, 즐겼다.

一会儿，安妮悠然地向下游漂去，_____。
Yíhuìr　　Ānnī　yōurán　de　xiàng　xiàyóu　piāoqù

* 好好儿(hǎohāor) 잘, 충분히, 마음껏

얼마 동안 앤은 천천히 떠내려가며,

이 낭만적인 상황을 즐겼다.

* 271쪽 빈칸 정답

好好儿 享受
hǎohāor   xiǎngshòu

一会儿，安妮悠然地向下游漂去，享受 _____

Yíhuìr　　Ānnī　yōurán　de　xiàng　xiàyóu　piāoqù　　xiǎngshòu

_____ 。

얼마 동안 앤은 천천히 떠내려가며,

이 낭만적인 상황을 마음껏 즐겼다.

* 273쪽 빈칸 정답

这 浪漫 的 氛围
zhè làngmàn de fēnwéi

一会儿，安妮悠然地向下游漂去，＿＿＿＿＿
Yíhuìr　Ānnī　yōurán　de xiàng xiàyóu piāoqù

＿＿享受这浪漫的氛围。
xiǎngshòu zhè làngmàn de fēnwéi

얼마 동안 앤은 천천히 떠내려가며,

이 낭만적인 상황을 마음껏 즐겼다.

一会儿，安妮悠然地向下游漂去，尽情地
享受这浪漫的氛围。

然而 就 在 此时， 一点儿 也 不 浪漫 的 事儿
Ránér jiù zài cǐshí yìdiǎnr yě bù làngmàn de shìr

发生 了。
fāshēng le

船 开始 漏 水。因为 在 码头 上 触到 了 尖 木桩。
Chuán kāishǐ lòu shuǐ Yīnwèi zài mǎtóu shàng chùdào le jiān mùzhuāng

---

하지만 다음 순간 전혀 낭만적이지 않은 상황이 벌어졌다.

배가 물을 뿜기 시작한 것이다. 출발 지점码头의 뾰족한尖 말뚝

木桩 때문이었다.

一瞬间，安妮 不得不 拿着 黄金色的
Yíshùnjiān　Ānnī　bùdébù　názhe　huángjīnsè de

服装，站起来，茫然地看着水从
fúzhuāng　　zhànqǐlái　　mángrán de　kànzhe　shuǐ cóng

船底 的 大裂缝 中 冒 出来。
chuándǐ　de　dàlièfèng　zhōng mào　chūlái

이내 앤은 황금 옷을 들고 일어나 보트 바닥의 커다란 틈새裂缝

로 문자 그대로 콸콸 쏟아져冒出来 들어오는 물을 멍하니茫然地

바라봐야만 했다.

그것은 오래 걸리지 않았다.

_____ ,

* 很快(Hěn kuài) 빠르다, 쉽사리

80 | 281

깨닫는 데는 **오래 걸리지 않았다.**

**很 快，她 就** _____ **了。**

Hěn kuài    tā   jiù                    le

그녀가 자신이 위험에 빠졌다는 걸 **깨닫는 데는**

**오래 걸리지 않았다.**

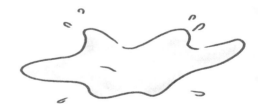

**\* 283쪽 빈칸 정답**

意识 到
yìshí  dào

**很 快 ， 她 就 意 识 到** _____

Hěn kuài   tā  jiù   yìshí  dào

_____ 。

그녀가 자신이 위험에 빠졌다는 걸 깨닫는 데는

오래 걸리지 않았다.

* 285쪽 빈칸 정답
自己 的 处境 非常 危险
zìjǐ   de   chǔjìng fēicháng wēixiǎn

**很快，她就意识到自己的处境非常危险。**
Hěn kuài   tā  jiù  yìshí dào   zìjǐ   de  chǔjìng fēicháng wēixiǎn

这条船漂到桥梁下面，一下子就沉没了。
Zhè tiáo chuán piàodào qiáoliáng xiàmiàn， yíxiàzi jiù chénmò le

在下游等着安妮的鲁比、简、戴安娜亲眼
Zài xiàyóu děngzhe Ānnī de Lǔbǐ Jiǎn Dàiānnà qīnyǎn

目睹了船沉到水里的场面，她们没有丝毫
mùdǔ le chuán chéndào shuǐlǐ de chǎngmiàn， tāmen méiyǒu sīháo

怀疑以为安妮也一起沉到水里了。
huáiyí yǐwéi Ānnī yě yìqǐ chéndào shuǐlǐ le

---

다리 밑을 떠내려가던漂 배는 도중에 순식간에一下子 가라앉아
버렸다沉没了. 이미 아래쪽에서 기다리고 있던等着 루비, 제인,
다이애나는 자신들의 눈앞에서 배가 사라지는沉到水里的 모습을
똑똑히 보았고, 배와 함께 앤도 틀림없이没有丝毫怀疑 가라앉았
다고 생각했다.

眼睁睁地看着这场悲剧，孩子们
Yǎn zhēngzhēng de kànzhe zhè chǎng bēijù háizimen

吓得脸色苍白，站在那里谁也
xià de liǎnsè cāngbái zhàn zài nàli shéi yě

不敢动。
bùgǎn dòng

过了一会，她们大声叫着向树林拼命
Guòle yíhuì tāmen dàshēng jiào zhe xiàng shùlín pīnmìng

跑去，一股劲儿地横穿过街道，根本没
pǎo qù yìgǔjìnr de héngchuānguò jiēdào gēnběn méi

注意桥梁那边。
zhùyì qiáoliáng nàbiān

---

그 비극적인悲剧 장면을 보며 아이들은 한동안 백지장처럼 하얘진 얼굴로 공포吓에 질려 꿈쩍도 못하고不敢动 서 있었다. 그러다가 갑자기 찢어질 듯한 비명을 내지르며 미친 듯이 숲으로 달려 올라갔고, 한 번도 멈추지 않고一股劲儿 다리 쪽은 볼 생각도 않은 채 큰길로 지나갔다.

安妮 费尽 全力 紧紧地 攀在 摇摇晃晃的 踏板
Ānnī fèijìn quánlì jǐnjǐn de pān zài yáoyáohuànghuǎng de tàbǎn

上， 看到 朋友们 急急忙忙 地 跑 过去， 还听
shàng kàn dào péngyǒumen jíjímángmáng de pǎo guòqù hái tīng

到 了 她们 的 尖叫声。
dào le tāmen de jiānjiàoshēng

불안한 발판摇摇晃晃的踏板 위에 필사적으로费尽全力 매달려 있던晃
앤은 황급히 뛰어가는 친구들의 모습을 보았고 비명 소리를
들었다.

**很快就会有人来救她，但她的**
Hěn kuài jiù huì yǒu rén lái jiù tā   dàn tā de

**姿势很不自在。**
zīshì hěn bù zìzài

🎧 42

이제 곧 구원의 손길이 닿을 터였지만 자세|姿势가 너무도 불편

했다不自在.

이윽고 그녀는 정말 버티지 못하겠다고 생각했다.

**那 时， 她 想 着**_____。
Nà shí tā xiǎngzhe

이윽고 그녀는 팔과 손목이 아파 정말 버티지

못하겠다고 생각했다.

* 293쪽 빈칸 정답

撑 不 下 去 了
chēng bú xià qù le

那时，她想着 _____ 撑不
Nà shí tā xiǎngzhe　　　　　　　　　　　　　chēng bú

下去了。
xià qù le

* 痛(tòng) 아프다, 쑤시다; 아픔

* 胳膊 和 手腕(gēbo hé shǒuwàn) 팔과 손목

이윽고 그녀는 팔과 손목이 아파 정말 더 이상은

버티지 못하겠다고 생각했다.

* 295쪽 빈칸 정답

胳膊 和 手腕 痛 得
gēbo　　hé　shǒuwàn tòng　de

那时，她想着胳膊和手腕痛得 _____ 撑不

下去了。

이윽고 팔과 손목이 아파 정말 더 이상은

버티지 못하겠다고 생각한 그 순간,

길버트 블라이스가 왔다.

实在
shízài

那时，就在她想着胳膊和手腕痛得实在撑

不下去的时候，_____

_____。

이윽고 팔과 손목이 아파 정말 더 이상은 버티지

못하겠다고 생각한 그 순간, 길버트 블라이스가

노를 저어 왔다.

* 299쪽 빈칸 정답

吉尔伯特·布莱斯 来 了
Jí'ěrbótè    ·    Bùláisī    lái    le

那时，就在她想着胳膊和手腕痛得实在撑
Nà shí　jiù zài tā xiǎngzhe gēbo hé shǒuwàn tòng de shízài chēng

不下去的时候，吉尔伯特·布莱斯＿＿＿＿＿＿
bú xià qù de shíhou　Jíěrbótè　·　Bùláisī

＿＿ 来了。
　　lái le

\* 划着桨(huázhe jiǎng) 노를 저으며

이윽고 팔과 손목이 아파 정말 더 이상은 버티지

못하겠다고 생각한 그 순간, 길버트 블라이스가

하면 앤드루스 씨의 낚싯배를 타고 노를 저어 왔다.

那时，就在她想着胳膊和手腕痛得实在撑
Nà shí jiù zài tā xiǎngzhe gēbo hé shǒuwàn tòng de shízài chēng

不下去的时候，吉尔伯特·布莱斯 _____
bú xià qù de shíhou Jíěrbótè · Bùláisī

_____ 划着桨来
huá zhe jiǎng lái

了。
le

* 哈蒙·安德鲁斯(Hāméng·Āndélǔsī) 하먼 앤드루스

이윽고 팔과 손목이 아파 정말 더 이상은 버티지

못하겠다고 생각한 그 순간, 길버트 블라이스가

하먼 앤드루스 씨의 낚싯배를 타고 노를 저어 왔다.

坐着 哈蒙·安德鲁斯 的 钓 船
zuòzhe Hāméng· Āndélǔsī   de diàochuán

那时，就在她想着胳膊和手腕痛得实在撑
Nà shí jiù zài tā xiǎngzhe gēbo hé shǒuwàn tòng de shízài chēng

不下去的时候，吉尔伯特布莱斯坐着哈蒙·
bú xià qù de shíhou Jíěrbótè Bùláisī zuòzhe Hāméng ·

安德鲁斯的钓船划着桨来了。
Āndélǔsī de diàochuán huá zhe jiǎng lái le

吉尔伯特 热心地 划船 把 安妮 送 到 了 码头，
Jí'ěrbótè    rèxīn   de huáchuán bǎ  Ānnī  sòng dào le  mǎtóu

可 安妮 蔑视地 看 了 下 吉尔伯特 伸出 的 手，
kě  Ānnī  mièshì  de kàn le  xià  Jí'ěrbótè   shēnchū de shǒu

敏捷地 跳到 了 岸上。"谢谢 你。"安妮 转身 时
mǐnjié  de tiàodào le  ànshàng  Xièxiè  nǐ   Ānnī  zhuǎnshēn shí

一脸 高傲地 说。
yīliǎn  gāo'ào  de shuō

---

길버트가 친절하게热心地 앤을 나루터까지 데려다 주었고, 앤
은 길버트가 내미는 손을 무시하며蔑视地 연못가로 훌쩍敏捷 뛰
어내렸다跳到. 앤이 몸을 돌려 도도하게高傲 말했다.
"정말 고마워."

可是吉尔伯特也从船上跳了
Kěshì Jíěrbótè yě cóng chuánshàng tiào le

下来，抓住了安妮的手臂。
xiàlái zhuāzhù le Ānnī de shǒubì

"安妮！"他急急忙忙地说：
Ānnī Tā jíjímángmáng de shuō

你听我说，我们不能成为朋友吗？"
Nǐ tīng wǒ shuō wǒmen bùnéng chéngwéi péngyǒu ma

그러나 길버트 역시 배에서 내리더니 앤의 팔을 잡았다.

"앤." 그는 다급하게急急忙忙地 말했다.

"나 좀 봐. 우리 좋은 친구로 지내면 안 될까?"

"정말 미안해."

"我 ＿＿＿＿ 抱歉。"
Wǒ　　　　bàoqiàn

"네 머리에 대해 놀린 건 정말 미안해."

* 309쪽 빈칸 정답

非常
fēicháng

"**我 非常 抱歉** _____。"
Wǒ    fēicháng   bàoqiàn

\* 拿~ 开玩笑(ná~ kāi wánxiào) ~에 대해 놀리다

"저번에 네 머리에 대해 놀린 건 정말 미안해."

* 311쪽 빈칸 정답

拿 你 的 头发 开 玩笑
ná nǐ de tóufa kāi wánxiào

"我 非常 抱歉 ＿＿＿＿ 拿 你 的 头发 开 玩笑。"
Wǒ fēicháng bàoqiàn ná nǐ de tóufa kāi wánxiào

"저번에 네 머리에 대해 놀린 건 정말 미안해."

* 313쪽 빈칸 정답

上次
shàngci

"我非常抱歉上次拿你的头发开玩笑。"
Wǒ fēicháng bàoqiàn shàngcì ná nǐ de tóufa kāi wánxiào

"我 没 想 欺负 你，只 不过 是 开 了 个 玩笑。
Wǒ méi xiǎng qīfù nǐ zhǐ bú guò shì kāi le ge wánxiào

再说，那 是 很 久 以前 的 事 了 吧
Zàishuō nà shì hěn jiǔ yǐqián de shì le ba

---

"장난으로 그랬던 거지, 널 괴롭힐欺负 생각은 없었어.

게다가再说 그건 오래전 일이잖아.

现在我觉得你的头发很好看，
Xiànzài wǒ juéde nǐ de tóufa hěn hǎo kàn

是真心话。我们做个朋友吧。"
shì zhēnxīnhuà Wǒmen zuò ge péngyǒu ba

🎧 46

지금은 네 머리가 아주 예쁘다고 생각해. 정말이야. 우리
친구로 지내자."

"不。"她冷冰冰地回答说。
Bù　　Tā lěngbīngbīng de huídá shuō

"我绝不会和你做朋友，吉尔伯特·
Wǒ jué búhuì hé nǐ zuò péngyǒu　　Jí'ěrbótè

布莱斯；我也不想和好！"
Bùláisī　　Wǒ yě bùxiǎng hé hǎo

---

"싫어." 앤은 차갑게 冷冰冰地 말했다.

"난 너랑 친구가 될 수 없어, 길버트 블라이스.

 그러고 싶지 않다고!"

🎧 47

"算了吧！"吉尔伯特 气得脸颊
Suànle ba Jiěrbótè qì de liānjiá

绯红 就 跳 上 船。
fēihóng jiù tiào shàngchuán

"我 再 也 不 会 说 要 和 你 做 朋友 了，安妮·
Wǒ zài yě búhuì shuō yào hé nǐ zuò péngyǒu le Ānnī

雪利。我 才 不 想 有 你 这样 的 朋友 呢！"
Xuělì Wǒ cái bùxiǎng yǒu nǐ zhèyàng de péngyǒu ne

길버트가 화가 나서 벌겋게 달아오른 얼굴<sup>气得脸颊绯红</sup>로 배<sup>船</sup>에

올라탔다.

"좋아! 다시는 너랑 친구하자고 안 하겠어, 앤 셜리.

나도 너 같은 애랑 친구 하기 싫어."

앤은 슬픈 소식을 접했다.

**安妮** _____ **悲痛 的 消息。**
Ānnī        bēitòng   de   xiāoxi

앤은 충격과 함께 하늘이 무너지는 것과 같은 슬픈 소식을 접했다.

安妮 接到 一个 让 她 ＿＿＿＿＿＿＿ 的 悲痛
Ānnī    jiēdào   yíge  ràng  tā                         de    bēitòng

消息。
xiāoxi

\* 备受 打击(bèishòu dǎjī) 충격을 받다

앤은 바쁘던 어느 날 충격과 함께 하늘이 무너지는 것

과 같은 슬픈 소식을 접했다.

* 323쪽 빈칸 정답

备受 打击
bèishòu  dǎjī

安妮 非常 ＿＿＿＿＿＿＿＿，她 接到 一个
Ānnī    fēicháng                          tā   jiēdào   yíge

让 她 备受 打击 的 悲痛 消息。
ràng tā  bèishòu  dǎjī  de  bēitòng  xiāoxi

* 忙碌(mánglù) 분망하다, 바쁘다

* 一天(yì tiān) (과거의) 어느날

앤은 준비로 바쁘던 어느 날 충격과 함께 하늘이

무너지는 것과 같은 슬픈 소식을 접했다.

* 325쪽 빈칸 정답

忙碌 的 一天
mánglù  de  yìtiān

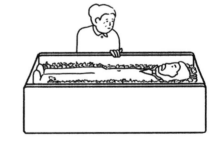

安妮 _____ 非常 忙碌 的 一天 ， 她 接到
Ānnī　　　　　　　fēicháng mánglù de yìtiān　　　tā jiēdào

一个 让 她 备受 打击 的 悲痛 消息。
yíge　ràng tā bèishòu dǎjī　de bēitòng xiāoxi

* 准备(Zhǔnbèi) …하려고 하다，…할 작정[계획]이다

앤은 대학에 진학하기 위한 준비로 **바쁘던 어느 날** 충격과 함께 하늘이 무너지는 것과 같은 슬픈 소식을 접했다.

安妮 _____ 而 非常 忙碌 的
Ānnī                                    ér fēicháng mánglù de

一天，她 接到 一个 让 她 备受 打击 的 悲痛
yìtiān  tā  jiēdào  yíge  ràng  tā  bèishòu  dǎjī  de  bēitòng

消息。
xiāoxi

앤은 대학에 진학하기 위한 준비로 바쁘던 어느 날 충격과 함께 하늘이 무너지는 것과 같은 슬픈 소식을 접했다.

\* 329쪽 빈칸 정답

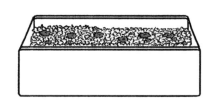

为 准备 考 大学
wèi zhǔnbèi kǎo dàxué

安妮 为 准备 考 大学 而 非常 忙碌 的 一天 ， 她
Ānnī wèi zhǔnbèi kǎo dàxué ér fēicháng mánglù de yìtiān tā

接到 一个 让 她 备受 打击 的 悲痛 消息。
jiēdào yíge ràng tā bèishòu dǎjī de bēitòng xiāoxi

马修 听到 存着 他 所有 钱 的 银行 破产 的 消息
Mǎxiū tīngdào cúnzhe tā suǒyǒu qián de yínháng pòchǎn de xiāoxi

后，突发 心脏病 去世 了。安妮 和 玛丽拉
hòu tūfā xīnzàngbìng qùshì le Ānnī hé Mǎlìlā

互相 安慰 对方。
hùxiāng ānwèi duìfāng

---

매슈 아저씨가 전 재산을 맡긴 은행의 파산破产 소식을 듣고

그 충격으로 심장마비를 일으킨 것이다. 앤과 마릴라는 서로

의 슬픔을 위로했다安慰.

玛丽拉 的 视力 很快 下降, 已经
Mǎlìlā de shìlì hěn kuài xiàjiàng yǐjing

不能 一个 人 生活 了。正因为 如此,
bùnéng yíge rén shēnghuó le Zhèng yīnwèi rúcǐ

安妮 放弃 了 上 大学 的 想法, 决定 留 在
Ānnī fàngqì le shàng dàxué de xiǎngfǎ juédìng liú zài

玛丽拉 身边 陪 她。安妮 去 看望 住 在 邻居 的
Mǎlìlā shēnbiān péi tā Ānnī qù kànwàng zhù zài línjū de

林德 太太 时, 她 对 安妮 说。
Líndé tàitài shí tā duì Ānnī shuō

급격히 시력視力이 나빠지는 마릴라는 혼자서 지낼 수 없게 되었다. 이 때문에 앤은 마릴라와 함께 지내기 위해 대학 진학을 포기했다. 앤이 옆집의 린드 아주머니를 방문했을 때, 린드 아주머니가 말했다.

"앤, 난 들었다."

🎧 50

"安妮，我＿＿＿＿＿。"
　Ānnī　　wǒ

"앤, 난 네가 포기했다고 들었다."

"安妮，我听说 _____ 。"
Ānni　　wǒ　tīngshuō

"앤, 난 네가 생각을 접었다고 들었다."

* 337쪽 빈칸 정답

你  已经  放弃  了
nǐ  yǐjīng  fàngqì  le

"安妮，我听说你已经放弃了 _____。"

"앤, 난 네가 대학에 가겠다는 생각을 접었다고

　들었다."

"安妮，我 听说 你 已经 放弃 了 _____
Ānnī　　　wǒ　tīngshuō　nǐ　yǐjīng　fàngqì　le

____ 想法。"
　　　xiǎngfǎ

"앤, 난 네가 대학에 가겠다는 생각을 접었다고

들었다."

"安妮，我听说你已经放弃了上大学的
想法。"

"정말 기뻤다."

🎧 51

"我＿＿＿＿＿＿＿＿＿。"
　Wǒ

"그걸 들으니 **정말 기뻤다**."

真　高兴
zhēn gāoxing

**"我 ＿＿＿＿＿＿ 真 高兴。"**
Wǒ　　　　　　　zhēn　gāoxìng

* 听(Tīng) 듣다
* 那句话(nà jù huà) 그 말, 그 이야기

"정말 잘했구나."

**\* 347쪽 빈칸 정답**

听 那句话

tīng nà jù huà

"我感到真高兴。"
Wǒ gǎndào zhēn gāoxìng

"넌 지금 많은 교육을 받았어."

## 52

"你 ＿＿＿＿＿＿＿＿＿＿＿＿＿＿＿＿＿＿＿。"
Nǐ

"넌 지금도 여자로서는 충분한 교육을 받았어."

"_____，你 受 的 教 育 已 经
                                Nǐ  shòu de  jiàoyù  yǐjing

足 够 了 。"
zúgòu    le

* 足够(zúgòu) 족하다, 충분하다
* 作为~(zuòwéi) ~의 신분[자격]으로서

"넌 지금도 여자로서는 충분한 교육을 받았어."

*** 353쪽 빈칸 정답**

作为 一个 女人
Zuòwéi yíge nǚrén

"作为 一个 女人，你 受 的 教育 已经 足够 了。"
Zuòwéi yíge nǚrén Nǐ shòu de jiàoyù yǐjing zúgòu le

"女孩们 和 男人 一起 上 大学，学 拉丁语、
Nǚháimen hé nánrén yìqǐ shàng dàxué xué Lādīngyǔ

希腊语 那些 没用 的 东西， 把 脑袋 塞 得
Xīlàyǔ nàxiē méiyòng de dōngxi bǎ nǎodài sāi de

满满的， 太 不像话 了。"
mǎnmǎnde tài búxiànghuà le

---

"난 여자애들이 남자들과 같이 대학에 가서 라틴어拉丁语니

그리스어希腊语니 쓸데없는 것没用的东西들을 머릿속에

집어넣는塞得满满的 건 옳지 않다고 생각해."

## 53

"可我还是要学拉丁语和希腊语，
Kě wǒ háishi yào xué Lādīngyǔ hé Xīlàyǔ

林德太太。"安妮笑着回答道。
Líndé tàitài Ānnī xiàozhe huídá dào

앤이 웃으면서 대꾸했다.

"하지만 저도 라틴어와 그리스어를 공부할 건데요,

린드 아주머니."

"전 인문 과정을 익힐 작정이에요."

54

"我 ＿＿＿＿＿ 修读 人文 科学 课程。"

Wǒ　　　　　　xiūdú　rénwén　kēxué　kèchéng

"전 이곳에서도 인문 과정을 익힐 작정이에요."

"我打算 _____ 修读 人文 科学 课程。"
Wǒ dǎsuàn xiūdú rénwén kēxué kèchéng

"전 이곳에서도 인문 과정을 익히고

　모두 공부할 작정이에요."

* 361쪽 빈칸 정답

在 这里
zài　zhèlǐ

"我 打算在这里修读 人文 科学课程，_____
Wǒ dǎsuàn zài zhèlǐ xiūdú rénwén kēxué kèchéng

_____。"

"전 이곳에서도 대학에서 배우는 인문 과정을

익히고 모두 공부할 작정이에요."

* 363쪽 빈칸 정답

学 上 所有 东西
xué shàng suǒyǒu   dōngxi

"我 打算在这里修读 人文 科学课程，学上 ___
Wǒ dǎsuàn zài zhèlǐ xiūdú rénwén kēxué kèchéng xué shàng

_____ 所有 东西。"
suǒyǒu dōngxi

"전 이곳에서도 대학에서 배우는 인문 과정을

 익히고 모두 공부할 작정이에요."

* 365쪽 빈칸 정답

 大学 所 能 学到 的
 dàxué  suǒ néng xuédào  de

"我打算在这里修读人文科学课程，学上
Wǒ dǎsuàn zài zhèlǐ xiūdú rénwén kēxué kèchéng xué shàng

大学所能学到的所有东西。"
dàxué suǒ néng xuédào de suǒyǒu dōngxi

"你知道了吧，我要到 卡莫迪 的学校去
Nǐ zhīdào le ba wǒ yào dào kǎmòdí(Carmody) de xuéxiào qù

教书了。"
jiāoshū le

"那我不知道。我估计你会在埃文利教书。
Nà wǒ bù zhīdào Wǒ gūjì nǐ huì zài Āiwénlì jiāoshū

董事们做出决定让你在那里教书。"
Dǒngshì men zuò chū juédìng ràng nǐ zài nàli jiāoshū

---

"아시겠지만, 전 카모디-卡莫迪 에이번리 주변 지명에서 교편을 잡을
거예요."

"그건 모르지. 내 생각엔 이곳 에이번리에서
가르치지 않을까 싶은데. 이사회董事们에서 너에게
학교자리를 주겠다고 결정했다던걸."

"林德 太太！"安妮 大吃一惊就
Líndé tàitài Ānnī dàchīyìjīng jiù

跳起来 喊道。
tiàoqǐlái hǎndào

🎧 55

"为什么，他们 不是 已经 定 下来 聘用 让
Wèishénme tāmen búshì yǐjīng dìng xiàlái pìnyòng ràng

吉尔伯特·布莱斯 了 吗？"
Jíěrbótè · Bùláisī le ma

"对，原来 是 的。"
Duì yuánlái shì de

앤이 놀라 벌떡 일어서며 소리쳤다.

"린드 아주머니!

길버트 블라이스가 가르치기로 되어 있었잖아요!"

"그랬었지."

"그런데 길버트가 듣자마자"

"可是 _____， "
Kěshì

* 一~ 就(yì ~ jiù) ~하자 곧, ~하자마자

"그런데 네가 지원서를 냈다는 소리를 길버트가

듣자마자"

"可是 吉尔伯特 一 听 _____ 就 "
Kěshì　　Jíěrbótè　　yì　tīng　　　　　　　　　　　　　　　　jiù

*提交(tíjiāo) 제출하다

"그런데 네가 그곳에 지원서를 냈다는 소리를

길버트가 듣자마자"

* 373쪽 빈칸 정답

你 提交 了 申请
nǐ  tíjiāo  le  shēnqǐng

"可是吉尔伯特一听你 _____ 提交了申请，就"

"그런데 네가 그곳에 지원서를 냈다는 소리를

 듣자마자 길버트가 그들에게 찾아갔다지 뭐냐."

* 375쪽 빈칸 정답

向 那里
xiàng nàli

"可是吉尔伯特一听你向那里提交了申请，
就＿＿＿＿＿＿＿＿＿。"

"그런데 네가 에이번리 학교에 지원서를 냈다는

소리를 듣자마자 길버트가 그들에게 찾아갔다지

뭐냐."

* 377쪽 빈칸 정답

去 找 他们 了
qù zhǎo tāmen le

"可是吉尔伯特一听你向埃文利学校提交了申请，就去找他们了。"

"그 애가 그들에게 말했단다."

"**吉尔伯特** ＿＿＿＿＿＿＿＿＿。"
Jíěrbótè

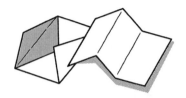

"그 애가 자신은 지원을 취소한다고 그들에게

말했단다."

"**吉尔伯特 告诉 他们** _____。"

Jiěrbótè　　gàosu　　tāmen

* 撤回(chèhuí) 철회하다, 취하하다

* 申请(shēnqǐng) 신청(하다)

"그 애가 자신은 지원을 취소한다고 그들에게

 말하고 제안했단다."

* 383쪽 빈칸 정답

要  撤回  申请
yào  chèhuí  shēnqǐng

"吉尔伯特 告诉 他们 要 撤回 申请，_____
Jíěrbótè     gàosu   tāmen  yào  chèhuí shēnqǐng

_____。"

* 建议(jiànyì) 건의(하다), 제안(하다)

"그 애가 자신은 지원을 취소한다고 그들에게

 말하고 네 지원서를 통과시킬 것을 제안했단다."

* 385쪽 빈칸 정답

还　建议　他们
hái　jiànyì　tāmen

"吉尔伯特 告诉 他们 要 撤回 申请， 还 建议
Jíěrbótè gàosu tāmen yào chèhuí shēnqǐng hái jiànyì

他们 _____。"
tāmen

* **接受**(Jiēshòu) 받아들이다, 수락하다

"그 애가 자신은 지원을 취소한다고 그들에게 말하고

네 지원서를 통과시킬 것을 제안했단다."

"吉尔伯特 告诉 他们 要 撤回 申请， 还 建议
他们 接受 你的 申请。"

"吉尔伯特说要去白沙镇去教书。他要去
Jiěrbótè shuō yào qù Báishāzhèn qù jiāoshū Tā yào qù

白沙镇就需要付住宿费，大家都知道，他
Báishāzhèn jiù xūyào fù zhùsùfèi dàjiā dōu zhīdào tā

要靠自己攒钱上大学。"
yào kào zìjǐ zǎnqián shàng dàxué

---

"자기는 화이트 샌즈白沙镇: 에이번리 주변 지명에서 가르칠 거라면서

말이야. 화이트 샌즈에 있으려면 하숙비도 들고, 알다시

피 대학도 자기 힘으로 벌어서 가야 하는데 말이야.

"我 不 该 这么 做。"安妮 自言自语 地
Wǒ bù gāi zhème zuò    Ānnī    zìyánzìyǔ  de

🎧 58

说。
shuō

"我的 意思 是……我 不能 让 他 为了 我……
Wǒde  yìsi  shì       Wǒ bùnéng ràng tā wèile wǒ

牺牲 自己。"
xīshēng  zìjǐ

앤이 중얼거렸다自言自语地说.

"그러면 안 될 것 같아요. 그러니까… 길버트가 저 때문에…

그런 희생牺牲 을 하게 할 수 없어요."

**언덕 중간쯤 내려오자** 키가 큰 청년이 나왔다.

**走 到 半 山 腰，** _____。
Zǒu dào  bànshānyāo

\* 青年(qīngnián) 젊은이, 청년

언덕 중간쯤 내려오자 키가 큰 청년이 블라이스 씨 집

문을 열고 나왔다.

\* 393쪽 빈칸 정답

只见 一个 高个 青年
zhījiàn   yíge   gāogè qīngnián

**走 到 半 山 腰 ，只 见 一 个 高 个 青 年** _____
Zǒu  dào  bànshānyāo     zhǐjiàn  yíge    gāogè  qīngnián

_____ **走 了**
                                                              zǒu  le

**出 来 。**
chūlái

\* 布莱斯先生(Bùláisī xiānsheng) 블라이스 씨

언덕 중간쯤 내려오자 키가 큰 청년이 휘파람을

불며 블라이스 씨 집 문을 열고 나왔다.

* 395쪽 빈칸 정답
打开 布莱斯 先生 家 的 门
dǎkāi  Bùláisī  xiānsheng jiā  de  mén

走 到 半山腰， 只见 一个 高个 青年 _____
Zǒu dào bànshānyāo zhǐjiàn yíge gāogè qīngnián

_____ 打开 布莱斯 先生 家 的 门 走 了
dǎkāi Bùláisī xiānsheng jiā de mén zǒu le

出来。
chūlái

언덕 중간쯤 내려오자 키가 큰 청년이 휘파람을

불며 블라이스 씨 집 문을 열고 나왔다.

* 397쪽 빈칸 정답

吹　着　口哨

chuī　zhe　kǒushào

走到半山腰，只见一个高个青年吹着
Zǒu dào bànshānyāo zhǐjiàn yíge gāogè qīngnián chuī zhe

口哨，打开 布莱斯 先生家 的 门 走了
kǒushào dǎkāi Bùláisī xiānsheng jiā de mén zǒu le

出来。
chūlái

휘파람이 멈췄다.

**口哨** _____。
Kǒushào

휘파람이 그의 입술에서 **멈췄다.**

\* 401쪽 빈칸 정답

停住　了
tíngzhù　le

**口哨** _____ **停住了。**
Kǒushào                                        tíngzhù   le

앤을 알아보고는 휘파람이 그의 입술에서 멈췄다.

他一＿＿＿＿＿＿＿＿＿，口哨 就 在 他的 嘴唇 上
Tā  yī                                    kǒushào  jiù  zài  tāde  zuǐchún shàng

停住 了。
tíngzhù  le

\* 认出(rènchū) 알아보다

앤을 알아보고는 휘파람이 그의 입술에서 멈췄다.

他 一 认 出 安 妮， 口 哨 就 在 他 的 嘴 唇 上 停 住
Tā yī rènchū Ānnī kǒushào jiù zài tāde zuǐchún shàng tíngzhù

了。
le

그는 공손하게 모자를 벗었지만,

## 61

**虽然 他**　　　　　　　**摘下 了 帽子，**
Suīrán  tā                  zhāixià  le  màozi

* 摘下(zhāi xià) (모자 따위를) 벗다, 벗기다

* 礼貌 地(lǐmào de)  예의 바르게

**그는 공손하게 모자를 벗었지만, 그는 지나쳤을**

터였다.

* 409쪽 빈칸 정답

礼貌 地
lǐmào    de

**虽然他礼貌地摘下了帽子，不过** _____
Suīrán  tā  lǐmào  de  zhāixià  le  màozi  búguò

_____。

그는 공손하게 모자를 벗었지만, 그는 조용히

지나쳤을 터였다.

* 411쪽 빈칸 정답

他 很 可能 走 过去
tā hěn kěnéng zǒu guòqu

**虽然他礼貌地摘下了帽子，不过他很可能**
Suīrán  tā  lǐmào  de  zhāixià  le  màozi    búguò  tā  hěn  kěnéng

**_____走过去。**
　　　　　　　　zǒu  guòqu

\* 默默地(mòmòde) 조용히

그는 공손하게 모자를 벗었지만, 앤이 멈춰 서지

않았더라면 그는 조용히 지나쳤을 터였다.

虽然 他 礼貌 地 摘下 了 帽子，不过 _____

_____，他 很 可能 默默 地 走

过去。

그는 공손하게 모자를 벗었지만, 앤이 멈춰 서서

손을 내밀지 않았더라면 그는 조용히 지나쳤을

터였다.

* 415쪽 빈칸 정답

如果 安妮 没有 停 下来
rúguǒ　Ānnī　méiyǒu　tíng　xiàlái

虽然 他 礼貌 地 摘下 了 帽子， 不过 如果 安妮
Suīrán tā lǐmào de zhāixià le màozi búguò rúguǒ Ānnī

没有 停 下来 _____ ， 他 很 可能 默默地 走
méiyǒu tíng xiàlái tā hěn kěnéng mòmòde zǒu

过去。
guòqu

* 伸出(shēn chū) 밖으로 내어 뻗다

그는 공손하게 모자를 벗었지만, 앤이 멈춰 서서 손을 내밀지 않았더라면 그는 조용히 지나쳤을 터였다.

* 417쪽 빈칸 정답
伸出 手
shēnchū shǒu

虽然他礼貌地摘下了帽子，不过如果安妮
没有停下来伸出手，他很可能默默地走
过去。

"난 고마워하고 싶어."

## 62

**"我 想 ＿＿＿＿＿。"**
Wǒ xiǎng

"학교를 양보해줘서 **고마워**."

"我想谢谢你，＿＿＿＿＿＿＿＿＿＿＿。"
Wǒ xiǎng xièxie nǐ

"날 위해 학교를 양보해줘서 고마워."

"我想谢谢你，＿＿＿＿＿＿＿＿＿ 放弃了学校。"
Wǒ xiǎng xièxie nǐ　　　　　　　　fàngqì le xuéxiào

"날 위해 학교를 양보해줘서 고마워."

"我想谢谢你，为了我放弃了学校。"
Wǒ xiǎng xièxie nǐ wèile wǒ fàngqì le xuéxiào

"난 널 원해."

🎧 63

"我 ___ 你。"
　Wǒ　　　 nǐ

"난 네가 알아줬으면 좋겠어."

* 429쪽 빈칸 정답
要
yào

"我 ___ 你 _____。"
Wǒ nǐ

"내가 고마워하는 걸 알아줬으면 좋겠어."

* 431쪽 빈칸 정답
要，知道
yào， zhīdào

"**我 要 你 知 道 我** _____。"
Wǒ  yào  nǐ  zhīdào  wǒ

* 感谢(gǎnxiè) 감사(하다)

"내가 고마워하는 걸 알아줬으면 좋겠어."

* 433쪽 빈칸 정답

多么 感谢
duōme  gǎnxiè

**"我要你知道我多么感谢。"**
Wǒ yào nǐ zhīdào wǒ duōme gǎnxiè

"난 기뻤어."

"**我 很** _____。"
Wǒ   hěn

\* 高兴(gāoxìng) 좋아하다, 기쁘다.

"네게 작은 도움이라도 줘서 **기뻤어**."

**"我 很 高兴** _____。"
Wǒ　hěn　gāoxìng

\* **帮忙**(bāng máng) 일을 돕다, 도움

"네게 작은 도움이라도 줄 수 있어서 기뻤어."

帮 你 一点儿 小忙
bāng nǐ yìdiǎnr xiǎománg

"我很高兴 _____ 帮你一点儿小忙。"
Wǒ hěn gāoxìng bāng nǐ yìdiǎnr xiǎománg

"네게 작은 도움이라도 줄 수 있어서 기뻤어."

**\* 441쪽 빈칸 정답**

能够
nénggòu

"我很高兴能够帮你一点儿小忙。"
Wǒ hěn gāoxìng nénggòu bāng nǐ yìdiǎnr xiǎománg

"那我们今后能成为朋友吗？你真的原谅
Nà wǒmen jīnhòu néng chéngwéi péngyou ma   Nǐ zhēnde yuánliàng

我的过错了吗？"
wǒde guòcuò le ma

---

"그럼 우리 이제 친구가 되는 거니?

　내 옛날 실수를 정말 용서한原谅 거야?"

# 安妮 笑着 要 抽出 手，可是 没有 用。

Ānnī xiàozhe yào chōuchū shǒu   kěshì méiyǒu yòng

🎧 65

앤이 웃으며 손을 빼려고 했지만 소용이 없었다没有用.

"난 널 용서했어."

"我 _____ 你 ___。"
　Wǒ　　　　 nǐ

\* 原谅(yuánliàng) 용서하다

"난 그날 널 용서했어."

原谅, 了
yuánliàng,  le

"_____ 我 就 已 经 原 谅 你 了 。"

Wǒ  jiù  yǐjing  yuánliàng  nǐ  le

"난 그날 강가에서 널 용서했어."

* 449쪽 빈칸 정답

那天
Nàtiān

"那天 我 ＿＿＿＿＿ 就 已经 原谅 你 了。"
Nàtiān Wǒ jiù yǐjing yuánliàng nǐ le

"난 그날 강가에서 널 용서했어. 나도 그땐

몰랐지만 말이야."

* 451쪽 빈칸 정답

在 河边
zài  hébiān

**"那天我在河边就已经原谅你了。**_____
Nàtiān Wǒ zài hébiān jiù yǐjing yuánliàng nǐ le

_____。**"**

* 只不过(zhǐbúguò) 다만 …에 불과하다, 단지 …에 지나지 않다

"난 그날 강가에서 널 용서했어. 나도 그땐

몰랐지만 말이야."

只 不过 当时 没有 意识 到 这些
Zhǐ búguò dāngshí méiyǒu yìshí dào zhèxiē

"那天 我 在 河边 就 已经 原谅 你 了。只 不过
当时 没有 意识 到 这些。"

"我们 会 成为 最好 的 朋友。"吉尔伯特
Wǒmen huì chéngwéi zuìhǎo de péngyou Jíěrbótè

心花怒放 地 说。
xīnhuānùfàng de shuō

---

길버트가 기뻐하며 心花怒放 말했다.

"우리는 최고의 친구가 될 거야.

🎧 67

"我们 生来 注定 要 成为 好朋友，
Wǒmen shēnglái zhùdìng yào chéngwéi hǎopéngyou

安妮。我 知道 我们 可以 在 很多 方面
Ānnī Wǒ zhīdào wǒmen kěyǐ zài hěnduō fāngmiàn

互相 帮助。走 吧，我 送 你 回家。"
hùxiāng bāngzhù Zǒu ba Wǒ sòng nǐ huíjiā

처음부터 우린 좋은 친구가 될 운명이었어, 앤.

서로 여러 가지 도움이 될 거야. 가자, 집까지 바래다줄게."

마릴라가 앤을 궁금한 듯이 쳐다보았다.

**玛丽拉** _____ **看看 安妮。**
Mǎlìlā            kànkan   Ānnī

\* 好奇(hàoqí) 호기심이 많다

앤이 부엌으로 들어오자 마릴라가 궁금한 듯이

쳐다보았다.

安妮 _____，玛丽拉 好奇 地 看看 她。
Ānnī　　　　　　　　　　　Mǎlìlā　hěn hàoqí　de　kànkan　tā

앤이 부엌으로 들어오자 마릴라가 궁금한 듯이

쳐다보았다.

* 461쪽 빈칸 정답

走进 厨房
zǒujìn  chúfáng

安妮 走进 厨房， 玛丽拉 好奇 地 看看 她。
Ānnī zǒujìn chúfáng Mǎlìlā hěn hàoqí de kànkan tā

"너와 길버트가 친한 사이인 줄은 **몰랐구나.**"

"**我 没 想 到** _____
Wǒ méi xiǎng dào

_____ **"**
                                              。

"너와 길버트가 문간에서 30분 동안이나 서 있을

　정도로 친한 사이인 줄은 몰랐구나."

* 465쪽 빈칸 정답

你 会 跟 吉尔伯特 是 那么 要 好 的 朋友
nǐ huì gēn Jí'ěrbótè shì name yào hǎo de péngyǒu

"我 没 想 到 你 会 跟 吉尔伯特 是 那么 要 好 的
Wǒ méi xiǎng dào nǐ huì gēn Jíěrbótè shì name yào hǎo de

朋友， 能 站 _____ 站 了 _____
péngyǒu néng zhàn zhàn le

_____。"

* 门口(ménkǒu) 입구, 현관
* 半个多小时(bàn ge duō xiǎoshí) 30여 분, 반 시간
* 站(zhàn) 서다, 서 있다

"너와 길버트가 문간에서 30분 동안이나 서서

  얘기를 나눌 정도로 친한 사이인 줄은 몰랐구나."

在 门口, 半 个 多 小时
zài ménkǒu, bàn ge duō xiǎoshí

"我没想到你会跟吉尔伯特是那么要好的
朋友，能站在门口＿＿＿＿＿半个多小时。"

"너와 길버트가 문간에서 30분 동안이나 서서

 얘기를 나눌 정도로 친한 사이인 줄은 몰랐구나."

* 469쪽 빈칸 정답

聊 上
liáo shàng

"我没想到你会跟吉尔伯特是那么要好的朋友，能站在门口聊上半个多小时。"

"우리는 선의의 경쟁자였죠."

## 70

"**我们 ＿＿＿＿＿＿ 好的对手。**"
Wǒmen                  hǎo  de  duìshǒu

\* 对手(duìshǒu) 상대, 호적수

"우리는 선의의 경쟁자였죠."

"我们 曾经 是 好 的 对手。"

Wǒmen céngjīng shì hǎo de duìshǒu

"하지만 우리는 결심했어요."

"可是 我们 ＿＿＿。"
　Kěshì　wǒmen

* 决定(juédìng) (정책·생각 따위를) 결정하다, 결심하다

"하지만 이게 훨씬 도움이 되겠다고 생각했어요."

"可是 我们 觉得 ＿＿＿＿＿＿＿＿。"
Kěshì wǒmen juéde

"하지만 좋은 친구로 지내는 게 훨씬 도움이

　되겠다고 생각했어요."

* 479쪽 빈칸 정답
还是 这样 好
háishì　zhè yàng hǎo

"可是 我们 觉得 还是 _____ 好。"
Kěshì　　wǒmen　　juéde　　hái shi　　　　　　　　　hǎo

"하지만 앞으로는 좋은 친구로 지내는 게 훨씬

도움이 되겠다고 생각했어요."

做 朋友 的
zuò péngyou  de

"可是 我们 觉得 ＿＿＿＿＿＿ 还是 做 朋友 的
Kěshì wǒmen juéde hái shi zuò péngyou de

好。"
hǎo

"하지만 앞으로는 좋은 친구로 지내는 게 훨씬

　도움이 되겠다고 생각했어요."

**\* 483쪽 빈칸 정답**

从今 以后
cóngjīn yǐhòu

"可是 我们 觉得 从今 以后 还是 做 朋友 的 好。"
Kěshì wǒmen juéde cóngjīn yǐhòu hái shi zuò péngyou de hǎo

"我们俩真的在那里站了半个小时吗？"
Wǒmen liǎ zhēnde zài nàli zhàn le bàn ge xiǎoshí ma

"우리가 정말 30분 동안이나 거기 있었어요?

“**好像只有几分钟而已。**”
Hǎoxiàng zhǐyǒu jǐfēn zhōng éryǐ

**몇 분밖에 안 된 것 같았는데**好像**.**”

"하지만 우린 5년 동안 잃어버린 대화가 있거든요."

"**可是 我们 过去 五年 _____。**"
Kěshì　wǒmen　guòqù　wǔnián

* 没有(méiyǒu) 없다, 가지고(갖추고), 있지 않다

"하지만 우린 5년 동안 못한 얘기가 너무 많거든요,

마릴라 아주머니."

"可是 我们 过去 五年 ___ 说 的 话 太多 了，
　　Kěshì　wǒmen　guòqù　wǔnián　　　shuō　de　huà　tàiduō　le

玛丽拉。"
Mǎlìlā

"하지만 우린 5년 동안 못한 얘기가 너무 많거든요,

 마릴라 아주머니."

* 491쪽 빈칸 정답
没
méi

"可是 我们 过去 五年 没说 的 话 太多 了，
玛丽拉。"

앤의 꿈은 작아졌다.

## 74

# 安妮 的 梦想 _____。

Ānnī de mèngxiǎng

* 梦想(mèngxiǎng) 몽상(하다), 망상(에 빠지다)

그날 밤 이후로 앤의 꿈은 작아졌다.

* 495쪽 빈칸 정답

变小 了
biànxiǎo le

_____，安妮 的 梦想
Ānnī    de mèngxiǎng

变小了。
biànxiǎo  le

그 자리에 앉아 있던 **밤 이후로 앤의 꿈은 작아졌다.**

**\* 497쪽 빈칸 정답**

在 那个 夜晚 之 后
Zài  nàge  yèwǎn  zhī  hòu

在 ＿＿＿＿ 那个 夜晚 之 后，安妮 的 梦想

Zài nàge yèwǎn zhī hòu Ānnī de mèngxiǎng

变小了。

biànxiǎo le

* 静坐(Jìngzuò) 정좌(하다)

집으로 돌아와 그 자리에 앉아 있던 밤 이후로 앤의

꿈은 작아졌다.

* 499쪽 빈칸 정답

静坐 的
jingzuò  de

在 那 个 ＿＿＿＿＿ 静 坐 的 夜 晚 之 后，安 妮 的
Zài    nàge          jìngzuò  de  yèwǎn  zhī hòu      Ānnī  de

梦 想 变 小 了。
mèngxiǎng biànxiǎo   le

집으로 돌아와 그 자리에 앉아 있던 밤 이후로 앤의

꿈은 작아졌다.

* 501쪽 빈칸 정답

回到 家
huídào  jiā

在那个回到家静坐的夜晚之后，安妮的
梦想变小了。

하지만 앤은 알고 있었다, 만약 길이 좁다 해도,

## 75

**可是 安妮 知道，** _____
Kěshì   Ānnī   zhīdào

_____,

* 道路(dàolù) 길

* 窄小(zhǎixiǎo) 좁고 작다, 협소하다

* 尽管(jǐnguǎn) 비록[설령] …라 하더라도, …에도 불구하고

하지만 앤은 알고 있었다, 만약 자신 앞에 놓인 길이

좁다 해도,

* 505쪽 빈칸 정답

尽管 道路 变 得 窄小

Jǐnguǎn dàolù biàn de zhǎixiǎo

可是 安妮 知道，尽管 ＿＿＿＿＿＿＿＿ 道路 变
Kěshì Ānnī zhīdào jǐnguǎn dàolù biàn

得 窄小，
de zhǎixiǎo

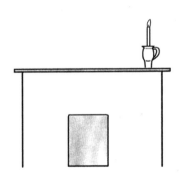

하지만 앤은 알고 있었다, 만약 자신 앞에 놓인 길이

좁다 해도, 잔잔한 행복의 꽃이 피어나리라는 것을.

* 507쪽 빈칸 정답

她 面前 的
tā miànqián de

可是安妮知道，尽管她面前的道路变得
窄小，但仍然开满着＿＿＿＿＿＿＿＿之
花。

하지만 앤은 알고 있었다, 만약 자신 앞에 놓인 길이 좁다 해도, 그 길을 따라 잔잔한 행복의 꽃이 피어나리라는 것을.

* 509쪽 빈칸 정답
平静 的 幸福
píngjìng de xìngfú

可是 安妮 知道，尽管 她 面前 的 道路 变 得
Kěshì Ānnī zhīdào jǐnguǎn tā miànqián de dàolù biàn de

窄小，但 ＿＿＿＿＿＿＿仍然 开满 着 平静 的 幸福
zhǎixiǎo dàn réngrán kāimǎn zhe píngjìng de xìngfú

之 花。
zhī huā

---

\* 仍然(réngrán) 변함 없이, 여전히

하지만 앤은 알고 있었다, 만약 자신 앞에 놓인 길이 좁다 해도, 그 길을 따라 잔잔한 행복의 꽃이 피어나리라는 것을.

**\* 511쪽 빈칸 정답**

一路上
yílùshàng

可是 安妮 知道，尽管 她 面前 的 道路 变得
Kěshì Ānnī zhīdào jǐnguǎn tā miànqián de dàolù biàn de

窄小，但 一路上 仍然 开满 着 平静 的 幸福 之
zhǎixiǎo dàn yílùshàng réngrán kāimǎn zhe píngjìng de xìngfú zhī

花。
huā

## 76

马修和玛丽拉是一对住在加拿大爱德华王子岛的
Mǎxiū hé Mǎlìlā shì yíduì zhù zài Jiānádà Àidéhuá wángzǐ dǎo de

埃文利从事农活的兄妹。
Àiwénlì cóngshì nónghuó de xiōngmèi。

虽然他们已经是中年，但是都没有结过婚，
Suīrán tāmen yǐjīng shì zhōngnián，dànshì dōu méiyǒu jié guo hūn

所以，他们想要领养一个男孩儿帮他们干农活儿。
suǒyǐ，tāmen xiǎng yào lǐngyǎng yíge nánháir bāng tāmen gàn nónghuór。

马修和玛丽拉向孤儿院申请领养后，就等着那个
Mǎxiū hé Mǎlìlā xiàng gū'éryuàn shēnqǐng lǐngyǎng hòu，jiù děng zhe nàge

男孩儿的到来。
nánháir de dàolái。

等到那个男孩儿说好要到的那一天，马修去车站
Děngdào nàge nánháir shuōhǎo yào dào de nà yìtiān，Mǎxiū qù chēzhàn

接他。
jiē tā。

可是，从孤儿院送来的却是一个小女孩，一头红
Kěshì，cóng gū'éryuàn sòng lái de què shì yíge xiǎo nǚhái，yì tóu hóng

发，脸上长满了雀斑，瘦得像个麻秆似的。
fà，liǎnshàng zhǎngmǎn le quèbān，shòu de xiàng ge mágǎn shide

"马修，她是谁？那个男孩儿呢？"

"车站里没有什么男孩儿。"马修回答道。"只有她！"

马修朝着女孩儿点了点头，这时他才想起自己还没问过她的名字。

"天哪，没有男孩儿！可我们和孤儿院说好要送一个男孩儿过来的。"

不管是哪儿出了差错我总不能把她一个人留在那个火车站。

在兄妹俩交谈的时候，女孩儿来回看着他们，一声不吭，没有说话。

突然，孩子丢下了珍爱提包，紧紧地攥着小拳头，然后上前一步激动地喊了起来。

"你们不要我，是因为我不是男孩儿！从来没有人想要 我。"

"我忘记了从来没有人想要我。"

马修劝玛丽拉说："唉，她是个好孩子，玛丽拉。"

"你看她多想留下来啊，要是真把她送回去，她

得多可怜啊。你考虑一下，说不定她能给你做个
děi duō kělián a Nǐ kǎolǜ yíxià shuōbudìng tā néng gěi nǐ zuò ge

伴儿。"
bànr

马修想起了安妮在回家的路上把两旁长着苹果树
Mǎxiū xiǎngqǐ le Ānnī zài huí jiā de lùshang bǎ liǎngpáng zhǎngzhe píngguǒ shù

的普通小路叫做"欢乐的白色之路"时的幸福模样。
de pǔtōng xiǎolù jiào zuò huānlè de báisè zhī lù shí de xìngfú múyàng

马修不讨厌这个爱说话的小女孩。
Mǎxiū bù tǎoyàn zhège ài shuōhuà de xiǎonǚhái

玛丽拉决定不把她送回去了。
Mǎlìlā juédìng bù bǎ tā sòng huíqù le

就这样，安妮开始了在绿山墙的生活。
Jiù zhè yàng Ānnī kāishǐ le zài lǜshānqiáng de shēnghuó

因为有了安妮这个爱说话，富有想象力的女孩，
Yīnwèi yǒu le Ānnī zhège ài shuōhuà fùyǒu xiǎngxiànglì de nǚhái

马修和玛丽拉过得很愉快。
Mǎxiū hé Mǎlìlā guò de hěn yúkuài

安妮和她最好的朋友戴安娜开始了快乐的校园
Ānnī hé tā zuìhǎo de péngyǒu Dàiānnà kāishǐ le kuàilè de xiàoyuán

生活。
shēnghuó

九月的一个早晨，安妮和戴安娜这两个埃文利最
Jiǔ yuè de yíge zǎochén Ānnī hé Dàiānnà zhè liǎngge Āiwénlì zuì

快乐的小女孩兴高采烈地走在上学的路上。
kuàilè de xiǎonǚhái xìnggāocǎiliè de zǒu zài shàngxué de lùshang

戴安娜说，"今天吉尔伯特·布莱斯会来上学。
Dàiānnà shuō Jīntiān Jíěrbótè Bùláisī huì lái shàngxué

他从他的堂兄弟家回来了。
Tā cóng tāde tángxiōngdì jiā huílái le

他非常帅，安妮。"
Tā fēicháng shuài Ānnī

还有他不停地捉弄女孩儿。
Háiyǒu tā bùtíng de zhuōnòng nǚháir

他老是折磨我们。

可是从戴安娜的声音中不难听出她宁愿被他折磨，也不愿不被理会。

戴安娜说道："吉尔伯特会成为你的同班同学。"

"他在他们班一直是第一名，我告诉你，以后你要想得第一名，就没那么容易了，安妮。"

当菲利普斯老师在教室后面听一名学生朗读拉丁语的时候，戴安娜悄悄地对安妮说。

"隔着过道坐在你对面的就是吉尔伯特·布莱斯，安妮。"

"看看他，你觉得帅不帅。"

安妮能无所顾忌地观察吉尔伯特·布莱斯，是因为他正忙着把坐在前面的一个女孩的金色长辫子用大头钉固定在椅子的靠背上。

过了一会儿，鲁比·吉利斯要站起来回答老师的数学问题的时候，她突然尖叫一声又跌坐在椅子上，她觉得自己的头发被连根拔起。

她哭了起来，吉尔伯特很快把那一颗大头钉藏到了看不见的地方，装出世界上最认真的表情学起了历史。

但这场风波平静下来，他冲安妮眨了眨眼。

放学后，安妮向戴安娜吐露，"我觉得你提到的那个吉尔伯特·布莱斯确实很帅，可他的脸皮也太厚了吧。"

"再说，冲陌生的女孩眨眼是不礼貌的行为。"

吉尔伯特·布莱斯想方设法引起安妮·雪利的注意，但每次都以失败而告终。因为此刻的安妮不仅对吉尔伯特的存在毫不关心，甚至还把埃文利学校和所有学生等这一切都抛到了九霄云外。

她双手托着下巴，目不转睛地从西窗口眺望着那边碧蓝的"闪耀之湖(Lake of Shining Waters)"。

她正忙着遨游遥远的幻想世界，除了自己眼前神奇的景色，她什么都听不见，也看不到了。

吉尔伯特·布莱斯很不习惯自己吸引不了女孩子。

吉尔伯特觉得这个满头红发、长着一双大眼睛、下巴尖尖的姑娘，和其他的埃文利女孩子迥然不同的安妮也应该朝着他这边看。

吉尔伯特隔着过道伸出手，一把揪住安妮长长的红色辫梢，凑近她的耳边，然后用刺耳的声音低声说："胡萝卜！胡萝卜！"

这样一来，安妮狠狠地瞪了他。

安妮瞪着他，还情绪激动地喊道："你真让人讨厌！"

啪！

安妮拿起石板照着吉尔伯特的脑袋狠狠地一击，石板当即断成了两截。

埃文利学校的学生们向来都喜欢看热闹，而这场面又是特别的有趣。

大家既害怕又兴奋地"啊"了一声。

"安妮·雪利，这到底怎么回事？"

菲利普斯老师生气地吼道。

可安妮一声不吭，就是不回答。

要让她在全体学生面前解释，她被人叫作

"胡萝卜"，这个要求太过分了，实在无法忍受。

吉尔伯特却坚定地先开口说话。

"是我不对，菲利普斯老师。我取笑了她。"

菲利普斯老师没有理会吉尔伯特。

"安妮，你到讲台上来，在黑板前面，今天下午

一直站到放学为止。

"我感到很遗憾，有你这样一个脾气又大报复心

又重的学生。"

菲利普斯老师拿来粉笔，在安妮头顶上的黑板上

写道。

"安妮·雪利脾气很坏。

安妮·雪利必须要学会控制自己的脾气。"

菲利普斯老师大声地念了一遍，连一年级的学生

也都能听明白。

一放学，安妮便扬着头冲了出来。

吉尔伯特·布莱斯想要拦住她。

"安妮拿你的头发乱开玩笑，实在对不起。"

吉尔伯特带着悔意，小声地道歉。

可是安妮却不理不睬，轻蔑地从他身边走过去了。

有一天，安妮为了扮演"百合花女仆之死"诗里的场面，在朋友们的面前一个人上了船。

一会儿，安妮悠然地向下游飘去，尽情地享受这浪漫的氛围。

然而就在此时，一点儿也不浪漫的事儿发生了。

船开始漏水。因为在码头上触到了尖木桩。

一瞬间，安妮不得不拿着黄金色的服装，站起来，茫然地看着水从船底的大裂缝中冒出来。

很快，她就意识到自己的处境非常危险。

这条船漂到桥梁下面，一下子就沉没了。在下游等着安妮的鲁比、简、戴安娜亲眼目睹了船沉到水里的场面，她们没有丝毫怀疑以为安妮也一起沉到水里了。

眼睁睁地看着这场悲剧，孩子们吓得脸色苍白，站在那里谁也不敢动。

过了一会，她们大声叫着向树林拼命跑去，一股劲儿地横穿过街道，根本没注意桥梁那边。

安妮费尽全力紧紧地攀在摇摇晃晃的踏板上，看到朋友们急急忙忙地跑过去，还听到了她们的尖叫声。

很快就会有人来救她，但她的姿势很不自在。

那时，就在她想着胳膊和手腕痛得实在撑不下去的时候，吉尔伯特·布莱斯坐着哈蒙·安德鲁斯的钓船划着桨来了。

吉尔伯特热心地划船把安妮送到了码头，可安妮蔑视地看了下吉尔伯特伸出的手，敏捷地跳到了岸上。"谢谢你。"安妮转身时一脸高傲地说。

可是吉尔伯特也从船上跳了下来，抓住了安妮的手臂。

"安妮！"他急急忙忙地说。

你听我说，我们不能成为朋友吗？"

"我非常抱歉上次拿你的头发开玩笑。"

"我没想欺负你，只不过是开了个玩笑。再说，那是很久以前的事了吧。"

"现在我觉得你的头发很好看，是真心话。我们做个朋友吧。"

"不。"她冷冰冰地回答说。

"我绝不会和你做朋友，吉尔伯特·布莱斯，我也不想和好！"

"算了吧！"吉尔伯特气得脸颊绯红就跳上船。

"我再也不会说要和你做朋友了，安妮·雪利。我才不想有你这样的朋友呢！"

安妮为准备考大学而非常忙碌的一天，她接到一个让她备受打击的悲痛消息。

马修听到存着他所有钱的银行破产的消息后，突发心脏病去世了。安妮和玛丽拉互相安慰对方。

玛丽拉的视力很快下降，已经不能一个人生活了。

正因为如此，安妮放弃了去上大学的想法，决定留在玛丽拉身边陪她。安妮去看望住在邻居的林德太太时，她对安妮说。

"安妮，我听说你已经放弃了上大学的想法。"

"我感到真高兴。"

"作为一个女人，你受的教育已经足够了。"

"女孩们和男人一起上大学，学拉丁语、希腊语那些没用的东西，把脑袋塞得满满的，太不像话了。"

"可我还是要学拉丁语和希腊语，林德太太。"安妮笑着回答道。

"我打算在这里修读人文科学课程，学上大学所能学到的所有东西。"

"你知道了吧，我要到卡莫迪的学校去教书了。"

"那我不知道。我估计你会在埃文利教书。董事们做出决定让你在那里教书。"

"林德太太！"安妮大吃一惊就跳起来喊道。

"为什么，他们不是已经定下来聘用让吉尔伯特·布莱斯了吗？"

"对，原来是的。"

"可是吉尔伯特一听你向埃文利学校提交了申请，就去找他们了。"

"吉尔伯特告诉他们要撤回申请，还建议他们接受你的申请。"

"吉尔伯特说要去白沙镇去教书。他要去白沙镇就需要付住宿费，大家都知道，他要靠自己攒钱上大学。"

"我不该这么做。"安妮自言自语地说。

"我的意思是……我不能让他为了我……牺牲自己。"

走到半山腰，只见一个高个青年吹着口哨，打开布莱斯先生家的门走了出来。

他一认出安妮，口哨就在他的嘴唇上停住了。

虽然他礼貌地摘下了帽子，不过如果安妮没有停下来伸出手，他很可能默默地走过去。

"我想谢谢你，为了我放弃了学校。"

"我要你知道我多么感谢你。"

"我很高兴能够帮你一点儿小忙。"

"那我们今后能成为朋友吗？你真的原谅我的
过错了吗？"

安妮笑着要抽出手，可是没有用。

"那天我在河边就已经原谅你了。只不过当时没有
意识到这些。"

"我们会成为最好的朋友。"吉尔伯特心花怒放地说。

"我们生来注定要成为好朋友，安妮。我知道我们
可以在很多方面互相帮助。走吧，我送你回家。"

安妮走进厨房，玛丽拉好奇地看看她。

"我没想到你会跟吉尔伯特是那么要好的朋友，
能站在门口聊上半个多小时。"

"我们曾经是好的对手。"

"可是我们觉得从今以后还是做朋友的好。"

"我们俩真的在那里站了半个小时吗？"

"好像只有几分钟而已。"

"可是我们过去五年没说的话太多了，玛丽拉。"

在那个回到家静坐的夜晚之后，安妮的梦想变小了。

可是安妮知道，尽管她面前的道路变得窄小，但一路上仍然开满着平静的幸福之花。

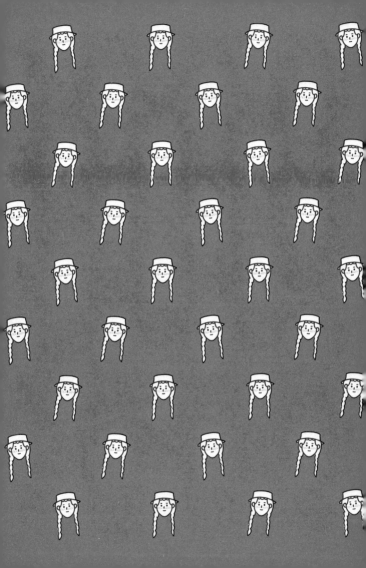

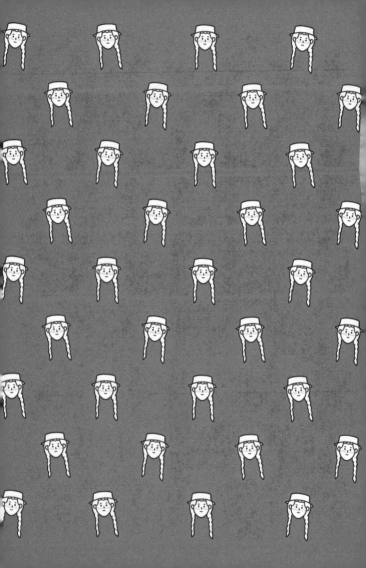